BUKU MASAKAN WAFEL DAN PANCAKE SUSUN DAN RANGUP

100 HIDANGAN GEBU, EMAS UNTUK SARAPAN PAGI DAN SELAINNYA

Jane Ahmad

Semua hak terpelihara.

Penafian

Maklumat yang terkandung dalam eBook ini bertujuan untuk berfungsi sebagai koleksi strategi yang komprehensif yang telah dilakukan oleh pengarang eBook ini. Ringkasan, strategi, petua dan helah hanyalah cadangan oleh pengarang, dan membaca eBook ini tidak akan menjamin bahawa keputusan seseorang akan betul-betul mencerminkan hasil pengarang. Pengarang eBook telah melakukan segala usaha yang munasabah untuk memberikan maklumat terkini dan tepat untuk pembaca eBook. Pengarang dan rakan-rakannya tidak akan bertanggungjawab atas sebarang kesilapan atau peninggalan yang tidak disengajakan yang mungkin ditemui. Bahan dalam eBook mungkin termasuk maklumat oleh pihak ketiga. Bahan pihak ketiga terdiri daripada pendapat yang dinyatakan oleh pemiliknya. Oleh itu, pengarang eBook tidak memikul tanggungjawab atau liabiliti untuk sebarang bahan atau pendapat pihak ketiga. Sama ada disebabkan kemajuan internet, atau perubahan yang tidak dijangka dalam dasar syarikat dan garis panduan penyerahan editorial, apa yang dinyatakan sebagai fakta pada masa penulisan ini mungkin menjadi lapuk atau tidak boleh digunakan kemudian.

EBook adalah hak cipta © 2024 dengan semua hak terpelihara. Adalah menyalahi undang-undang untuk mengedar semula, menyalin atau mencipta karya terbitan daripada eBook ini secara keseluruhan atau sebahagian. Tiada bahagian dalam laporan ini boleh diterbitkan semula atau dihantar semula dalam apa-apa pengeluaran semula atau dihantar semula dalam apa jua bentuk sekalipun tanpa kebenaran bertulis dan ditandatangani daripada pengarang.

ISI KANDUNGAN

ISI KANDUNGAN..4
PENGENALAN...8
WAFFLES..10
   1. BLUEBERRY CINNAMON MUFFLES.............................11
   2. HAM WAFEL DAN KEJU CAIR..14
   3. WAFFLED HASH BROWNS DENGAN ROSEMARY..................17
   4. QUESADILLAS WAFEL CHILE HIJAU................................20
   5. SANDWIC CUBAN WAFEL..22
   6. WAFFLED CROQUE MADAME..25
   7. BURGER WAFEL KLASIK DENGAN KEJU..........................29
   8. CENDAWAN PORTOBELLO WAFEL................................32
   9. WAFFLED FILET MIGNON...35
   10. ROTI BAKAR PERANCIS SUMBAT COKLAT.....................39
   11. SPAGHETTI DAN BEBOLA DAGING WAFEL......................42
   12. MAKARONI DAN KEJU WAFEL.....................................47
   13. WAVIOLI KEJU PANGGANG...50
   14. GNOCCHI UBI MANIS WAFEL......................................54
   15. PIEROGI KENTANG DAN KEJU TEKAN...........................58
   16. FALAFEL & HUMMUS WAFEL.......................................62
   17. SALAD TUNA NIÇOISE WAFEL.....................................65
   18. KUIH KETAM BERSILANG..70
   19. KETAM CANGKANG LEMBUT WAFEL...........................74
   20. PAI TAMALE WAFEL...76
   21. MIGAS MEXICO WAFEL..80
   22. WONTON UDANG WAFEL..83
   23. CHEESY WAFFLED ARANCINI......................................87
   24. ZUCCHINI-PARMESAN FRITTERS.................................91
   25. TOSTONES WAFEL...94

26. Kentang Goreng Wafel...98
27. Cincin Bawang Wafel..101
28. Biskut Oatmeal Wafel...104
29. Wafel Aiskrim Red Velvet...107
30. Roti Pisang Wafel...112
31. S'mores wafel...116
32. Wafel Buttermilk Cornmeal..119
33. Wafel Coklat..122
34. Wafel dengan Rhubarb Rebus...................................126
35. Wafel Souffle Tiga Keju...130
36. Wafel Susu Mentega..133
37. Wafel Belgium..136
38. Wafel Multigrain...140
39. Wafel Soba...143
40. Buah wafel & sirap maple...146
41. Wafel Polenta & Chives...149
42. Wafel Keju Pedas..152
43. Ayam & Wafel..155
44. Wafel Lemon & Poppy-Seed....................................159
45. Wafel Ricotta & Raspberi..162
46. Wafel Pisang..165
47. Wafel Coklat..168
48. Wafel Kayu Manis-Gula...171
49. Wafel Strawberi-Kek Pendek....................................174

PANKEK...177

50. Lempeng baldu merah..178
51. Lempeng coklat gelap...181
52. Pancake terbalik nanas...185
53. Lemon meringue pancake..188
54. Lempeng gulung kayu manis....................................192
55. Lempeng kefir..197
56. Lempeng keju kotej...200
57. Lempeng oat..203

58. 3-Bahan penkek...206
59. Lempeng mentega badam....................................209
60. Lempeng tiramisu..212
61. Lemon blueberry pancake..................................216
62. Lempeng quinoa...220
63. Lempeng oatmeal yogurt Yunani..........................223
64. Lempeng roti halia..226
65. Lempeng yogurt Yunani.....................................229
66. Lempeng biskut kismis oat.................................232
67. Mentega kacang dan penkek jeli.........................236
68. Lempeng bacon..239
69. Lempeng badam raspberi...................................243
70. Pancake kacang, pisang & coklat........................247
71. Lempeng kelapa vanila......................................250
72. Lempeng badam kelapa coklat............................254
73. Lempeng kek strawberi......................................258
74. Lempeng cawan mentega kacang........................262
75. Lempeng coklat Mexico.....................................265
76. Pancake kejutan hari jadi...................................268
77. Lempeng raksasa hijau......................................271
78. Pancake matcha vanila......................................275
79. Lempeng piña colada...278
80. Lempeng badam ceri...281
81. Lempeng limau utama.......................................284
82. Lempeng rempah labu.......................................287
83. Lempeng pisang coklat......................................290
84. Lempeng badam vanila......................................294
85. Lempeng monyet funky.....................................297
86. Pancake vanila...300
87. Lempeng mangga blueberry...............................303
88. Lempeng Mocha...306
89. Lempeng Chai..309
90. Lempeng kek lobak merah.................................313
91. Lempeng pisang madu.......................................317

92. Lempeng blueberry pisang................................320
93. Lempeng kayu manis epal..............................323
94. Lempeng kek keju strawberi.............................326
95. Lempeng blueberry..329
96. Lempeng pisang strawberi...............................332
97. Buah pic dan penkek krim................................335
98. Lempeng roti pisang..338
99. Lempeng tropika...341
100. Pancake Sempurna..345

KESIMPULAN..348

PENGENALAN

Memutuskan sama ada untuk menikmati kemanisan pancake atau wafel untuk sarapan pagi boleh menjadi cabaran bagi ramai orang.

Sudah tentu, sebagai hidangan paling penting pada hari itu, sarapan pilihan anda mesti menjana tenaga anda untuk aktiviti harian anda.

Pancake dan wafel adalah kedua-dua pilihan serba boleh yang boleh dinikmati dengan pelbagai topping manis dan berperisa.

Walaupun cara yang sama di mana ia boleh dimakan dan Bahan-bahan yang digunakan untuk membuatnya, penkek dan wafel tidak sama.

Lempeng yang dimasak dengan sempurna harus mempunyai tepi yang rangup dan pusat yang gebu. Wafel sebaliknya mempunyai bahagian luar yang rangup dan tengah kenyal.

Mereka juga kelihatan berbeza. Pancake sentiasa cenderung bulat, manakala wafel boleh bulat atau persegi.

Jika anda ingin tahu tentang apa yang membuat wafel dan penkek berbeza antara satu sama lain, Buku ini adalah untuk anda!

WAFFLES

1. Blueberry Cinnamon Muffles

HASIL: Kira-kira 16 muffles

bahan-bahan

- 2 cawan tepung serba guna
- ¼ cawan gula pasir
- 1 sudu teh kayu manis tanah
- ½ sudu teh garam
- 2 sudu teh serbuk penaik
- 2 cawan susu, pada suhu bilik
- 8 sudu besar (1 batang) mentega tanpa garam, cair
- 2 biji telur besar
- 1 cawan beri biru liar beku
- Semburan masak nonstick

Arah

a) Panaskan seterika wafel pada medium.

b) Dalam mangkuk bersaiz sederhana, satukan tepung, gula, kayu manis, garam dan serbuk penaik.

c) Dalam mangkuk besar, satukan susu, mentega, dan telur dan pukul sehingga sebati.

d) Masukkan bahan kering ke dalam adunan susu dan pukul sehingga sebati.

e) Lipat dalam beri biru dan kacau perlahan-lahan untuk mengedarkannya sama rata.

f) Salut kedua-dua belah grid besi wafel dengan semburan nonstick dan tuangkan kira-kira $\frac{1}{4}$ cawan adunan ke dalam setiap bahagian seterika wafel. Tutup tudung dan masak selama 4 minit, atau sehingga perang keemasan sahaja.

g) Keluarkan peredam dari seterika wafel, dan biarkan ia sejuk sedikit di atas rak dawai. Ulangi Langkah 6 dengan adunan yang tinggal.

h) Hidangkan hangat.

2. Ham Wafel dan Keju Cair

HASIL: Hidangan 1

bahan-bahan

- 1 sudu besar mentega tanpa garam, pada suhu bilik
- 2 keping roti sandwic
- 2 auns keju Gruyère, dihiris
- 3 auns ham Black Forest, dihiris
- 1 sudu besar Mentega Maple

Arah

a) Panaskan seterika wafel dengan perlahan.

b) Sapukan lapisan mentega yang nipis dan rata pada satu sisi setiap keping roti.

c) Tumpukan keju dan ham pada bahagian yang tidak bermentega pada satu keping roti, dan letakkan sandwic muka terbuka dalam seterika wafel sejauh mungkin dari engsel.

d) Letakkan kepingan kedua roti di atas, dengan bahagian mentega di atas, dan tutup seterika wafel.

e) Periksa sandwic selepas 3 minit. Kira-kira separuh jalan, anda mungkin perlu memutar sandwic 180 darjah untuk memastikan tekanan dan memasak yang sekata.

f) Jika anda mahu, anda boleh menekan sedikit penutup seterika wafel untuk memadatkan sandwic, tetapi lakukan dengan berhati-hati—tudung mungkin sangat panas. Keluarkan sandwic dari besi wafel apabila roti berwarna perang keemasan dan keju cair.

g) Sapukan Maple Butter di bahagian luar sandwic. Potong separuh menyerong dan hidangkan.

3. Waffled Hash Browns dengan Rosemary

HASIL: Hidangan 2

bahan-bahan

- 1 kentang russet (baking), kira-kira 10 auns, dikupas dan dicincang
- $\frac{1}{2}$ sudu teh rosemary segar yang dicincang halus atau 1 sudu teh rosemary kering
- $\frac{1}{4}$ sudu teh garam
- $\frac{1}{2}$ sudu teh lada hitam yang baru dikisar
- 1 sudu teh mentega tanpa garam, cair
- Keju parut, krim masam, atau sos tomato, untuk disajikan

Arah

a) Panaskan seterika wafel pada medium.

b) Perah ubi kentang yang dicincang dengan tuala sehingga ia kering seperti yang anda boleh menguruskan.

c) Dalam mangkuk adunan, satukan kentang cincang, rosemary, garam dan lada sulah.

d) Dengan berus silikon, sapukan mentega pada kedua-dua belah seterika wafel.

e) Letakkan ubi kentang yang dicincang ke dalam seterika wafel—tempelkan seterika wafel secara berlebihan—dan tutup penutup.

f) Selepas 2 minit, tekan sedikit pada penutup untuk memampatkan lagi kentang.

g) Periksa kentang selepas 10 minit. Mereka sepatutnya mula bertukar menjadi coklat keemasan di beberapa tempat.

h) Apabila kentang berwarna perang keemasan, 1 hingga 2 minit lagi, keluarkan dengan teliti dari seterika wafel.

i) Hidangkan dengan keju parut, krim masam atau sos tomato.

4. Quesadillas Wafel Chile Hijau

HASIL: Membuat 2 quesadillas

bahan-bahan

- Semburan masak nonstick
- 4 tortilla tepung
- 1 cawan keju gaya Mexico yang dicincang, seperti queso Chihuahua atau Monterey Jack
- $\frac{1}{4}$ cawan cili hijau dalam tin yang dicincang

Arah

a) Panaskan seterika wafel pada medium. Salut kedua-dua belah grid besi wafel dengan semburan nonstick.

b) Letakkan tortilla pada seterika wafel dan, dengan berhati-hati kerana seterika wafel panas, ratakan separuh daripada keju dan separuh daripada cili hijau ke seluruh tortilla, meninggalkan margin sekitar satu inci atau lebih di sekeliling tepi tortilla. Teratas dengan tortilla lain dan tutup seterika wafel.

c) Semak quesadilla selepas 3 minit. Apabila keju cair dan tortilla mempunyai tanda wafel coklat keemasan, ia sudah siap. Keluarkan quesadilla dari seterika wafel.

5. Sandwic Cuban Wafel

HASIL: Hidangan 2

bahan-bahan
- 1 roti sandwic berkerak atau roti ciabatta individu
- 1 sudu besar mustard kuning
- 3 auns ham masak, dihiris nipis
- 3 auns daging babi masak, dihiris nipis
- 3 auns keju Swiss, dihiris nipis
- 2 acar dill, dihiris nipis memanjang

Arah

a) Panaskan seterika wafel dengan perlahan.

b) Pisahkan roti kepada bahagian atas dan bawah, kosongkan sedikit untuk memberi ruang kepada daging, dan sapukan mustard pada kedua-dua kepingan. Pasang ham, pinggang babi, keju, dan jeruk di antara kepingan roti.

c) Tekan sandwic untuk padatkan sedikit dan letakkan di dalam seterika wafel, sejauh mungkin dari engsel.

d) Tutup penutup seterika wafel dan masak selama 5 minit. Kira-kira separuh jalan, anda mungkin perlu memutar sandwic 180 darjah untuk memastikan tekanan dan memasak yang sekata. Jika anda mahu, anda boleh menekan sedikit penutup seterika wafel untuk memadatkan sandwic, tetapi lakukan dengan berhati-hati—tudung mungkin sangat panas.

e) Keluarkan sandwic dari besi wafel apabila keju cair sepenuhnya. Potong sandwic separuh, atau menyerong, dan hidangkan.

6. Waffled Croque Madame

HASIL: Hidangkan sehingga 6

bahan-bahan

- 1 keping doh bulan sabit atau Brioche Dough
- 1 sudu besar mentega tanpa garam, cair
- 3 sudu besar Sos Béchamel
- 2 keping ham Black Forest
- $\frac{1}{4}$ cawan keju Gruyère yang dicincang
- 1 biji telur besar

Arah

a) Panaskan seterika wafel pada medium.
b) Potong baji doh separuh untuk membuat dua segi tiga. Bentuk segi tiga menjadi segi empat sama 4 hingga 5 inci pada setiap sisi dan tekan tepi bersama-sama perlahan-lahan.
c) Menggunakan berus silikon, salutkan kedua-dua belah satu bahagian seterika wafel dengan mentega cair, letakkan doh pada bahagian seterika wafel itu, tutup penutup, dan masak doh sehingga ia berwarna perang keemasan, kira-kira 3 minit.

d) Keluarkan doh dari seterika wafel dan pindahkan ke papan pemotong atau pinggan.

e) Tuangkan Sos Béchamel ke atas doh wafel. (Sos kebanyakannya akan berkumpul di dalam divots.) Kemudian letakkan ham di atas. Taburkan keju yang dicincang di atasnya. Letakkan timbunan yang dipasang di dalam seterika wafel dan tutup penutup selama 10 saat untuk mencairkan keju dan mengahwini lapisan. Keluarkan timbunan dari seterika wafel.

f) Pecahkan telur ke dalam cawan kecil atau ramekin. Ini akan memberi anda kawalan ke atas cara telur hinggap pada seterika wafel. Sapu baki mentega cair pada grid bawah satu bahagian seterika wafel dan tuangkan telur ke bahagian itu. Masak, tanpa menutup tudung, sehingga putih telah ditetapkan, kira-kira 1 minit, dan teruskan memasak sehingga kuning telur telah set sedikit, 1 atau 2 minit.

g) Untuk mengeluarkan telur yang utuh, gunakan spatula offset atau sepasang spatula silikon tahan haba untuk memujuknya dari grid seterika wafel. Longgarkan tepi dahulu, dan kemudian angkat keluar telur sambil menyokongnya dari bawah sebanyak mungkin.

h) Teratas sandwic dengan telur dan hidangkan panas.

7. Burger Wafel klasik dengan Keju

HASIL: Hidangan 4

bahan-bahan

- Semburan masak nonstick
- 1 paun daging lembu kisar
- ½ sudu teh garam
- 1 sudu teh lada hitam yang baru dikisar
- 4 keping keju Amerika, Cheddar atau Gruyère (pilihan)
- 4 roti hamburger yang dibeli di kedai atau buatan sendiri
- Sos tomato, sawi, salad, tomato, dan jeruk, untuk hidangan

Arah

a) Panaskan seterika wafel pada medium. Salut kedua-dua belah grid besi wafel dengan semburan nonstick.

b) Perasakan daging lembu dengan garam dan lada sulah dan bentukkan kepada 4 patties, setiap satu kira-kira bentuk roti.

c) Letakkan seberapa banyak roti yang boleh dimuatkan dalam seterika wafel, tutup tudung dan masak sehingga daging lembu mencapai suhu dalaman 160°F pada termometer yang dibaca segera, 3 minit.

d) Apabila patties telah masak, keluarkannya dari seterika wafel. Jika anda mahukan burger wafel dengan keju, tinggalkan patty dalam seterika wafel, atasnya dengan keju, dan tutup penutup untuk wafel dengan sangat singkat—kira-kira 5 saat.

e) Ulangi Langkah 3 dan 4 dengan mana-mana patties yang tinggal.

f) Hidangkan pada roti dengan sos tomato, mustard, salad, tomato dan jeruk.

8. Cendawan Portobello Wafel

HASIL: Hidangan 1

bahan-bahan
- $\frac{1}{4}$ cawan minyak zaitun extra-virgin
- $\frac{1}{4}$ cawan minyak berperisa neutral, seperti canola
- 1 sudu besar herba Itali (atau 1 sudu teh setiap rosemary kering, basil kering dan oregano kering)
- $\frac{1}{4}$ sudu teh garam
- $\frac{1}{4}$ sudu teh lada hitam yang baru dikisar
- 2 cendawan Portobello, batangnya dicabut dan dibuang

Arah

1. Dalam mangkuk cetek atau hidangan dalam, satukan minyak, herba, garam dan lada. Kacau untuk meratakan herba.
2. Untuk menyediakan cendawan, cedok insang dengan sudu dan lap penutup cendawan dengan tuala kertas lembap untuk mengeluarkan sebarang kotoran.
3. Letakkan penutup cendawan dalam campuran minyak dan perap selama sekurang-kurangnya 30 minit, terbalikkannya kira-kira separuh jalan.
4. Panaskan seterika wafel pada medium.
5. Letakkan cendawan, bahagian penutup atas, dalam seterika wafel dan tutup penutup.
6. Periksa cendawan selepas 5 minit. Tudung hendaklah lembut dan masak. Keluarkan cendawan dari seterika wafel dan hidangkan.

9. Waffled Filet Mignon

HASIL: Hidangan 2

bahan-bahan

- 2 sudu teh garam laut kasar atau garam halal
- 2 sudu teh lada hitam yang baru dikisar
- 8 auns filet mignon, kira-kira 1½ inci tebal
- Semburan masak nonstick

Arah

a) Panaskan seterika wafel dengan tinggi.
b) Tuangkan garam dan lada sulah ke dalam pinggan, gaulkan untuk mengedarkan secara sama rata, dan salutkan stik dengan campuran di kedua-dua belah pihak.
c) Salut kedua-dua belah grid besi wafel dengan semburan nonstick. Letakkan stik pada seterika wafel sejauh mungkin dari engsel. (Ini membolehkan tudung menekan daging dengan lebih sekata.) Tutup tudung dan masak selama 8 minit.
d) Jika anda mempunyai termometer yang dibaca segera, periksa suhu stik selepas 8 minit. Untuk medium yang dimasak stik, suhu hendaklah membaca 140°F. (Suhu 130°F akan memberi anda stik sederhana jarang; 155°F sudah siap.)
e) Keluarkan stik dan letakkan di atas papan pemotong. Biarkan seterika wafel menyala, sekiranya anda perlu memasak stik lebih banyak.
f) Biarkan stik berehat selama beberapa minit sebelum dihiris separuh dan periksa kematangannya. Jika ia dilakukan untuk kepuasan anda, matikan seterika wafel dan hidangkan.

g) Jika anda mahu ia kurang jarang, kembalikan ke seterika wafel dan periksa selepas satu minit lagi. Biarkan stik berehat sekali lagi sebelum dihidangkan.

10. Roti Bakar Perancis Sumbat Coklat

HASIL: Hidangan 2

bahan-bahan

- 2 biji telur besar
- ½ cawan susu
- ¼ sudu teh ekstrak vanila tulen
- Secubit garam
- 4 keping roti
- Semburan masak nonstick
- ½ cawan cip coklat
- 1 sudu besar Mentega Pukul
- Gula tepung, secukup rasa

Arah

a) Panaskan seterika wafel dengan tinggi. Panaskan ketuhar pada tetapan paling rendah.

b) Dalam kuali pai atau hidangan dalam, pukul bersama telur, susu, vanila dan garam.

c) Letakkan 2 keping roti dalam adunan telur dan rendamkannya sehingga ia telah menyerap sedikit cecair, 30 saat. Balikkan kepingan dan rendam selama 30 saat lagi.

d) Salut kedua-dua belah grid besi wafel dengan semburan nonstick. Letakkan sekeping roti yang telah direndam pada seterika wafel dan timbunkan sedikit kurang daripada separuh daripada cip coklat pada kepingan itu. Teratas dengan kepingan kedua roti yang direndam, tutup seterika wafel, dan masak sehingga roti berwarna perang keemasan dan coklat cair, 3 hingga 4 minit. Seharusnya tiada kesan campuran telur yang belum dimasak.

e) Keluarkan roti bakar Perancis dari seterika wafel dan ulangi Langkah 3 dan 4 untuk membuat kumpulan kedua. Letakkan roti bakar Perancis yang telah siap di dalam ketuhar untuk memastikan ia hangat.

f) Potong roti bakar Perancis menjadi empat bahagian. Buka "poket" pada setiap suku tahun dan masukkan baki cip coklat ke dalam pembukaan. Baki haba akan mencairkan coklat.

g) Taburkan setiap bahagian dengan Mentega Sebat dan taburkan dengan gula tepung sebelum dihidangkan.

11. Spaghetti dan Bebola Daging Wafel

HASIL: Hidangan 4

bahan-bahan

Sos marinara dan pasta:
- 4 ulas bawang putih, tidak dikupas
- 2 sudu besar minyak zaitun extra-virgin, ditambah lagi untuk dihidangkan
- 2 tin (28 auns setiap satu) tomato plum keseluruhan
- ¼ sudu teh serpihan lada merah
- Garam dan lada hitam yang baru dikisar, secukup rasa
- 12 auns spageti

Bebola daging wafel:
- Daging lembu atau ayam belanda tanpa lemak 1 paun
- 10 auns bayam cincang beku, dicairkan dan diperah kering
- 1 biji telur besar, dipukul sedikit
- ¼ cawan serbuk roti biasa
- ¼ cawan bawang dicincang halus
- ¼ cawan keju Parmesan parut, ditambah lagi untuk dihidangkan
- 2 ulas bawang putih, dikisar
- ½ sudu teh garam
- Semburan masak nonstick

Arah

a) Buat sos marinara: Potong setiap ulas bawang putih separuh dan ratakan dengan bahagian rata bilah pisau, tekan ke bawah dengan tapak tangan anda untuk menghancurkan bawang putih. Keluarkan kulit bawang putih. (Ia sepatutnya tertanggal dengan mudah.)

b) Letakkan 2 sudu besar minyak zaitun dan ulas bawang putih yang dihancurkan dalam periuk besar di atas api sederhana sederhana. Masak sehingga bawang putih wangi dan baru mula bertukar keemasan, kira-kira 3 minit.

c) Semasa bawang putih memasak, toskan sebahagian tomato dengan menuangkan hanya cecair di bahagian atas tin. Gunakan garpu atau gunting dapur untuk mengoyak tomato menjadi kepingan besar yang tidak rata di dalam tin.

d) Masukkan tomato dan kepingan lada merah ke dalam periuk, berhati-hati untuk mengelakkan percikan kerana tomato bertemu minyak panas.

e) Masak dengan api sederhana sehingga sos mula menggelegak, kira-kira 5 minit. Reneh pada api sederhana sederhana, kacau sekali-sekala, sehingga tomato pecah, 45 minit. Anda harus dibiarkan dengan sos yang pekat dan agak kental. Rasa dan sesuaikan perasa dengan menambah garam dan lada sulah.

f) Buat pasta: Didihkan periuk besar air dengan api yang tinggi.

g) Panaskan seterika wafel pada medium. Panaskan ketuhar pada tetapan paling rendah.

h) Semasa sos mereneh dan air pasta mendidih, buat bebola daging: Dalam mangkuk adunan besar, satukan semua Bahan untuk bebola daging, kecuali semburan masak, dan gaul rata.

i) Bentuk adunan menjadi 16 bebola dan letakkan di atas papan pemotong yang ditutup dengan kertas lilin atau parchment.

j) Masukkan spageti ke dalam air mendidih dan masak mengikut arahan pakej. Toskan dan panaskan.

k) Salut kedua-dua belah grid besi wafel dengan semburan nonstick. Letakkan seberapa banyak bebola daging yang sesuai pada seterika wafel, tinggalkan sedikit ruang untuk setiap bebola daging mengembang apabila diratakan.

l) Tutup tudung dan masak sehingga bebola daging keperangan di luar dan masak, 6 minit. Anda mungkin perlu memotong satu untuk memastikan tiada kesan merah jambu kekal. Jika anda mempunyai termometer yang dibaca segera, daging lembu hendaklah sekurang-kurangnya 160°F dan ayam belanda hendaklah sekurang-kurangnya 165°F.

m) Keluarkan bebola daging dari seterika wafel. Ulangi Langkah 11 dan 12 untuk memasak bebola daging yang tinggal. Jika komponen lain belum siap, simpan bebola daging dalam ketuhar yang telah dipanaskan.

n) Hidangkan sebahagian besar pasta dengan 4 bebola daging wafel, ditambah sedikit dengan sos. Siram dengan minyak zaitun extra-virgin dan taburkan dengan Parmesan. Hidangkan sos tambahan di atas meja.

12. Makaroni dan Keju Wafel

HASIL: Hidangan 8

bahan-bahan

- Makaroni dan Keju yang disediakan
- 2 biji telur besar
- Cubit setiap garam dan lada hitam yang baru dikisar
- 1 cawan tepung serba guna
- 1 cawan serbuk roti berperisa
- $\frac{1}{4}$ cawan keju keras parut, seperti Parmesan atau Pecorino Romano
- Semburan masak nonstick

Arah

a) Potong makaroni dan keju menjadi kepingan kira-kira $\frac{1}{2}$ inci tebal.
b) Panaskan seterika wafel pada medium. Panaskan ketuhar pada tetapan paling rendah.
c) Dalam mangkuk kecil, pukul telur dengan secubit setiap garam dan lada sulah.
d) Sediakan 3 mangkuk cetek. Sukat tepung menjadi yang pertama. Dalam mangkuk kedua, letakkan telur yang telah dipukul. Campurkan serbuk roti dengan keju dalam ketiga.

e) Ambil sekeping makaroni dan keju, dan, mengendalikannya perlahan-lahan, salutkan kedua-dua belah dalam tepung. Kemudian celupkan kedua-dua belah ke dalam telur. Akhir sekali, salut kedua-dua belah dengan serbuk roti, tekan adunan supaya melekat. Ketepikan kepingan dan ulangi dengan kepingan yang tinggal.

f) Salut kedua-dua belah grid besi wafel dengan semburan nonstick. Letakkan makaroni dan hirisan keju dalam seterika wafel, tutup tudung, dan masak sehingga panas dan perang keemasan, 3 minit.

g) Proses pengekstrakan boleh menjadi rumit. Dengan spatula silikon, longgarkan tepi makaroni dan keju. Gunakan spatula untuk mencungkil makaroni dan keju perlahan-lahan dari seterika wafel dan kemudian sokong bahagian bawah dengan spatula sambil anda mengangkatnya keluar dengan penyepit.

h) Ulangi Langkah 5 hingga 7 sehingga semua makaroni dan keju telah di wafel. Simpan makaroni dan keju yang telah siap dalam ketuhar.

13. Wavioli Keju Panggang

HASIL: Hidangan 2

bahan-bahan
- ½ cawan susu
- 1 biji telur besar
- 1 sudu besar minyak zaitun extra-virgin
- 1 cawan serbuk roti berperisa
- ½ sudu teh garam
- ½ sudu teh serbuk bawang putih
- ½ paun ravioli keju, sejuk
- Semburan masak nonstick
- 1 cawan sos marinara

Arah

a) Panaskan seterika wafel pada medium. Tutup loyang dengan lilin atau kertas parchment dan ketepikan. Panaskan ketuhar pada tetapan paling rendah.

b) Dalam mangkuk kecil, pukul bersama susu, telur, dan minyak zaitun.

c) Dalam mangkuk kecil lain, satukan serbuk roti, garam dan serbuk bawang putih.

d) Celupkan ravioli dahulu ke dalam adunan susu, salutkan kedua-dua belah, kemudian celupkan dalam adunan serbuk roti, tekan adunan supaya melekat. Letakkan ravioli bersalut pada lembaran penaik yang disediakan.

e) Salut kedua-dua belah grid besi wafel dengan semburan nonstick. Panaskan sos marinara dalam periuk kecil dengan api sederhana atau dalam ketuhar gelombang mikro selama 1 minit.

f) Letakkan seberapa banyak ravioli yang boleh dimuatkan dalam seterika wafel, tutup tudung dan masak selama 2 minit, atau sehingga garing dan dibakar.

g) Keluarkan ravioli dari seterika wafel dan ulangi Langkah 6 dengan ravioli yang tinggal. Pastikan ravioli siap hangat di dalam ketuhar.

h) Hidangkan bersama sos marinara untuk dicelup.

14. Gnocchi Ubi Manis Wafel

Makes kira-kira 60 gnocchi

bahan-bahan

- 1 kentang pembakar besar (seperti russet) dan 1 ubi keledek besar (kira-kira $1\frac{1}{2}$ paun jumlah)
- $1\frac{1}{4}$ cawan tepung serba guna, ditambah lagi untuk mengapung permukaan kerja
- $\frac{1}{2}$ cawan keju Parmesan parut
- 1 sudu teh garam
- $\frac{1}{2}$ sudu teh lada hitam yang baru dikisar
- Sedikit buah pala parut (pilihan)
- 1 biji telur besar, dipukul
- Semburan masak nonstick atau mentega cair
- Pesto atau Waffled Sage dan Sos Mentega

Arah

a) Panaskan ketuhar hingga 350°F.

b) Bakar kentang sehingga mudah dicucuk dengan garpu, kira-kira sejam. Biarkan kentang sejuk sedikit, kemudian kupas.

c) Lulus kentang melalui kilang makanan atau ricer atau parut di atas lubang besar parut kotak dan ke dalam mangkuk besar.

d) Masukkan $1\frac{1}{4}$ cawan tepung ke dalam kentang dan gunakan tangan anda untuk mencampurkannya bersama-sama, memecahkan sebarang ketulan kentang di sepanjang jalan. Taburkan keju, garam, lada sulah, dan buah pala ke atas doh dan uli perlahan-lahan agar sekata.

e) Setelah tepung dan kentang sebati, buat perigi di tengah mangkuk dan masukkan telur yang telah dipukul. Menggunakan jari anda, pukulkan telur melalui doh sehingga ia mula bersatu. Ia akan melekit sedikit.

f) Di atas permukaan yang ditaburi sedikit tepung, uli doh perlahan-lahan beberapa kali untuk menyatukannya. Ia harus lembap, tetapi tidak basah dan melekit. Jika terlalu melekit, tambah 1 sudu tepung pada satu masa, sehingga $\frac{1}{4}$

cawan. Canai doh ke dalam log dan potong kepada 4 bahagian.

g) Gulungkan setiap helai ke dalam tali kira-kira diameter ibu jari anda dan kemudian gunakan pisau tajam untuk memotong segmen 1 inci.

h) Panaskan seterika wafel pada medium. Salut kedua-dua belah grid besi wafel dengan semburan nonstick, atau mentega grid menggunakan berus pastri silikon. Kecilkan ketuhar ke tetapan paling rendah dan ketepikan lembaran pembakar untuk memastikan gnocchi yang telah siap tetap hangat.

i) Goncangkan secara perlahan sebarang sisa tepung dari gnocchi dan letakkan satu kelompok pada seterika wafel, tinggalkan sedikit ruang untuk setiap satu mengembang.

j) Tutup tudung dan masak sehingga tanda grid pada gnocchi berwarna perang keemasan, 2 minit. Ulangi dengan baki gnocchi, pastikan gnocchi yang dimasak hangat pada lembaran pembakar di dalam ketuhar.

k) Hidangkan panas dengan Sos Pesto atau Sage Waffled dan Sos Mentega.

15. Pierogi Kentang dan Keju Tekan

HASIL: Hidangan 4

bahan-bahan

Doh:
- $2\frac{1}{4}$ cawan tepung serba guna, ditambah lagi untuk membersihkan permukaan kerja mengikut keperluan
- $\frac{1}{2}$ sudu teh garam
- 2 biji telur besar
- ⅓ cawan air, atau lebih seperti yang diperlukan

Pengisian:
- 1 paun russet (membakar) kentang, dikupas dan dipotong menjadi kiub 1 inci
- $\frac{1}{2}$ cawan keju Cheddar yang dicincang
- 2 sudu besar mentega tanpa garam
- 1 sudu teh garam
- 1 sudu teh lada hitam yang baru dikisar
- Semburan masak nonstick

Arah

a) Buat doh: Dalam mangkuk besar, satukan $2\frac{1}{4}$ cawan tepung dan garam.

b) Dalam mangkuk kecil, pukul telur dan $\frac{1}{3}$ cawan air bersama-sama. Masukkan telur ke dalam adunan tepung dan gaulkan doh dengan senduk kayu atau tangan sehingga boleh dibentuk bebola.

c) Balut bola doh dalam bungkus plastik dan letakkan di dalam peti sejuk selama 30 minit.

d) Sementara itu, buat inti: Letakkan kentang dalam periuk bersaiz sederhana, tutupnya dengan air sejuk, dan biarkan mendidih, bertutup, di atas api yang sederhana tinggi. Setelah air mendidih, keluarkan penutup dan renehkan kentang dengan api perlahan sehingga lembut dan mudah ditusuk dengan pisau, kira-kira 10 minit. Toskan kentang dalam colander.

e) Pindahkan kentang ke dalam mangkuk besar, dan tumbuk bersama-sama dengan keju parut, mentega, garam dan lada. Biarkan campuran sejuk ke suhu bilik.

f) Taburkan permukaan kerja dengan tepung dan bentukkan doh sejuk menjadi gulungan sepanjang kira-kira 24 inci.

g) Potong doh kepada 24 bahagian yang sama dan bentuk bola daripada setiap bahagian doh.

h) Ratakan bebola doh dengan tangan anda. Dengan pin penggelek, gulungkan doh ke dalam bulatan kasar dan buat ia nipis yang anda boleh sambil memastikan ia mudah dikendalikan. Letakkan satu sudu teh inti di tengah, biarkan sempadan tidak lebih daripada $\frac{1}{2}$ inci. Lipat pierogi separuh dan kelimkan tepi dengan garpu.

i) Letakkan pierogi yang telah siap di atas permukaan yang ditaburkan tepung, tutup dengan bungkus plastik atau tuala bersih tanpa serat, dan ulangi dengan baki doh dan inti.

j) Panaskan seterika wafel pada medium. Panaskan ketuhar pada tetapan paling rendah.

k) Salut kedua-dua belah grid besi wafel dengan semburan nonstick, letakkan seberapa banyak pierogi yang boleh dimuatkan dalam seterika wafel, dan tutup penutup.

l) 1Wafel sehingga doh masak dan pierogi berwarna perang keemasan muda, 3 minit. Keluarkan pierogi yang telah masak.

16. Falafel & Hummus Wafel

HASIL: Hidangan 4

bahan-bahan

- 1 cawan kacang ayam kering, dipetik dan direndam dalam air semalaman di dalam peti sejuk
- $\frac{1}{2}$ bawang kecil, dicincang kasar
- 3 ulas bawang putih
- $\frac{1}{4}$ cawan pasli daun rata segar yang dicincang
- 2 sudu besar minyak zaitun extra-virgin
- 2 sudu besar tepung serba guna
- 1 sudu teh garam
- 1 sudu teh jintan kisar
- $\frac{1}{2}$ sudu teh ketumbar kisar
- $\frac{1}{4}$ sudu teh serbuk penaik
- $\frac{1}{4}$ sudu teh lada hitam yang baru dikisar
- $\frac{1}{4}$ sudu teh lada cayenne
- Semburan masak nonstick
- Hummus Halus Sempurna
- 4 poket roti pita

Arah

a) Panaskan seterika wafel pada medium. Panaskan ketuhar pada tetapan paling rendah.

b) Toskan kacang ayam yang telah direndam dan letakkannya bersama bawang merah dan bawang putih dalam pemproses makanan. Denyut sehingga sebati tetapi tidak ditulenkan.

c) Masukkan pasli, minyak zaitun, tepung, garam, jintan manis, ketumbar, serbuk penaik, lada hitam, dan lada cayenne, dan nadi sehingga rata.

d) Salut kedua-dua belah grid besi wafel dengan semburan nonstick. Untuk setiap fawafel, letakkan kira-kira ¼ cawan adunan dalam seterika wafel, tinggalkan sedikit ruang antara sudu untuk setiap sudu mengembang.

e) Tutup penutup seterika wafel dan masak selama 5 minit sebelum diperiksa. Keluarkan fawafel apabila sudah masak dan perang sekata.

f) Ulangi Langkah 4 dan 5 dengan adunan yang tinggal.

g) Simpan fawafel yang telah siap dalam ketuhar. Hidangkan mereka dengan roti hummus dan pita.

17. Salad Tuna Niçoise Wafel

HASIL: Hidangan 2

bahan-bahan

- 2 biji telur besar
- ½ cawan kacang hijau, dengan petua dipotong
- 4 biji kentang baru, belah dua
- garam
- Semburan masak nonstick
- 1 stik tuna segar (kira-kira 8 auns)
- 3 cawan sayur salad yang telah dibasuh
- ¼ cawan buah zaitun hitam yang diadu atau dihiris keseluruhan, seperti Niçoise atau Kalamata
- ½ cawan keseluruhan atau separuh tomato ceri atau anggur
- Lada hitam yang baru dikisar, secukup rasa
- Dijon Vinaigrette Dressing

Arah

a) Masak telur: Letakkan telur dalam periuk kecil dan isi dua pertiga penuh dengan air. Didihkan air dengan api sederhana besar, kemudian matikan api, keluarkan periuk dari penunu dan tutupnya. Biarkan ia berehat selama 10 minit. Tuangkan telur di bawah air sejuk selama seminit untuk menyejukkannya, dan ketepikan.

b) Rebus kacang hijau: Didihkan seperiuk kecil air masin, dan rendam kacang hijau selama 30 saat. Keluarkan dan letakkannya di dalam tab mandi air ais untuk menghentikan memasak. Keluarkan kacang hijau dari air ais selepas 1 minit dan ketepikan.

c) Rebus kentang: Letakkan kentang dalam periuk kecil dan tutup dengan sekurang-kurangnya satu inci air. Masukkan secubit garam ke dalam air dan biarkan mendidih dengan api yang sederhana tinggi. Setelah air mendidih, kecilkan api dan biarkan kentang mendidih selama 10 minit. Mereka sudah bersedia apabila mereka boleh ditusuk dengan tusukan pisau yang lembut. Keluarkan kentang, toskan dalam colander, dan biarkan sejuk.

d) Panaskan seterika wafel dengan tinggi. Salut kedua-dua belah grid besi wafel dengan semburan nonstick.

e) Letakkan stik tuna pada seterika wafel sejauh mungkin dari engsel. (Ini membolehkan tudung menekan tuna dengan lebih sekata.) Tutup penutup.

f) Semasa tuna masak, letakkan katil sayur-sayuran salad di atas pinggan hidangan yang besar. Kupas telur, hiris atau empatkan, dan susun di atas salad. Edarkan sama rata kacang hijau, kentang, buah zaitun, dan tomato pada sayur-sayuran salad.

g) Semak ikan tuna. Selepas 6 minit, stik setebal $\frac{3}{4}$ inci hendaklah dimasak. Seharusnya tiada warna merah jambu di bahagian luar. Anda mungkin ingin memotong tuna separuh untuk melihat jika masih ada warna merah jambu di tengahnya. Warna merah jambu boleh jadi baik, walaupun anda mungkin lebih suka tuna anda lebih baik. (USDA mengesyorkan bahawa ia mencapai 145°F pada termometer yang dibaca serta-merta; Saya suka termometer saya sekitar 125°F.)

h) Keluarkan tuna dari seterika wafel dan potong menjadi kepingan kira-kira $\frac{1}{2}$ inci tebal. Susun hirisan pada salad, dengan tanda wafel menghadap ke atas.

i) Taburkan salad dengan garam dan lada. Pakai salad dengan berhati-hati. Hidangkan baki persalinan di atas meja.

18. Kuih Ketam Bersilang

HASIL: Membuat 4 biji ketam

bahan-bahan

- 1 biji telur besar, dipukul, dengan secubit garam
- Secubit lada cayenne atau serbuk kari
- $\frac{1}{2}$ sudu teh lada hitam yang baru dikisar atau lada lemon
- $1\frac{1}{2}$ cawan ketam ketul (kira-kira 10 auns)
- $\frac{1}{2}$ cawan serbuk roti biasa
- $\frac{1}{4}$ cawan lada benggala hijau yang dicincang halus
- 1 sudu besar bawang merah cincang
- Semburan masak nonstick
- 1 biji lemon, dihiris, untuk hiasan
- $\frac{1}{4}$ cawan Sriracha Mayonis , untuk dihidangkan

Arah

a) Panaskan seterika wafel dengan tinggi. Panaskan ketuhar pada tetapan paling rendah.

b) Dalam mangkuk kecil, campurkan telur, lada cayenne, dan lada hitam. Ketepikan.

c) Dalam mangkuk bersaiz sederhana, gabungkan perlahan-lahan ketam, serbuk roti, lada benggala dan bawang merah yang dicincang. Masukkan adunan telur, kacau perlahan-lahan untuk sebatikan ke dalam Bahan kering.

d) Salut kedua-dua belah grid besi wafel dengan semburan nonstick. Dengan cawan penyukat, cedok $\frac{1}{2}$ cawan adunan dan masukkan ke dalam seterika wafel.

e) Tutup tudung dan masak sehingga serbuk roti berwarna perang keemasan dan tiada cecair yang tinggal, kira-kira 3 minit.

f) Keluarkan kek ketam dari seterika wafel, renjis dengan hirisan lemon, dan gunakan hirisan tambahan sebagai hiasan.

g) Ulangi Langkah 4 dan 5 untuk membuat baki 3 kek ketam. Simpan kek ketam yang telah siap dalam ketuhar.

h) Tuangkan satu sudu besar Mayonis Sriracha pada setiap kek ketam, dan hidangkan.

19. Ketam Cangkang Lembut Wafel

HASIL: Hidangan 2

bahan-bahan

- ½ cawan tepung serba guna
- 1 sudu teh campuran perasa makanan laut, seperti Old Bay
- 2 ekor ketam kulit lembut, dibersihkan ("berpakaian")
- 2 sudu besar mentega tanpa garam, cair

Arah

a) Panaskan seterika wafel dengan tinggi.

b) Dalam mangkuk cetek atau hidangan dalam, seperti pinggan pai, gabungkan tepung dan campuran perasa.

c) Keringkan ketam dengan tuala kertas. Korek ketam dalam tepung, goncangkan lebihan tepung di atas pinggan, dan ketepikan ketam bersalut di atas papan pemotong.

d) Menggunakan berus silikon, salut kedua-dua belah grid besi wafel dengan mentega cair.

e) Letakkan ketam bersalut pada seterika wafel, tutup penutup, dan masak selama 3 minit. Salutan harus bertukar menjadi coklat keemasan.

20. Pai Tamale Wafel

HASIL: Hidangan 4

bahan-bahan

Topping:
- 1 sudu besar minyak zaitun extra-virgin
- 1 biji bawang besar, cincang halus
- ayam belanda atau daging lembu 1 paun
- 1 lada jalapeño, dikisar (buang biji untuk kurang haba)
- 1 sudu teh jintan kisar
- 1 tin (15 auns) tomato dihancurkan
- Garam dan lada hitam yang baru dikisar, secukup rasa

kerak:
- 1½ cawan masa harina
- 1 sudu teh garam
- 1 sudu teh serbuk penaik
- ¼ sudu teh lada hitam yang baru dikisar
- 1 cawan susu
- 4 sudu besar (½ batang) mentega tanpa garam, cair
- 1 biji telur besar, dipukul
- Semburan masak nonstick
- 1 cawan keju Cheddar tajam yang dicincang

Arah

a) Buat topping: Letakkan minyak zaitun dalam kuali besar dan masukkan bawang. Tumis dengan api sederhana sehingga bawang mula perang, kira-kira 5 minit. Keluarkan bawang dan letakkan di atas pinggan.

b) Hancurkan daging ke dalam kuali yang sama, perangkannya sehingga tiada kesan merah jambu kekal, kira-kira 5 minit. Tuangkan lebihan lemak dan masukkan bawang tumis, jalapeno, jintan putih, dan tomato ke dalam kuali sehingga panas, kira-kira 1 minit. Rasa dan masukkan garam dan lada sulah. Biarkan adunan mendidih dengan api perlahan semasa membuat kerak.

c) Panaskan seterika wafel pada medium.

d) Buat kerak: Dalam mangkuk besar, satukan masa harina, garam, serbuk penaik dan lada hitam. Dalam mangkuk bersaiz sederhana, pukul susu dan mentega cair sehingga sebati, kemudian pukul telur.

e) Masukkan Bahan basah ke dalam Bahan kering dan kacau hingga sebati. Adunan akan menjadi sangat pekat.

f) Salut kedua-dua belah grid besi wafel dengan semburan nonstick. Bahagikan doh kepada 4 bahagian yang sama, kira-kira ½ cawan setiap satu. Ambil sebahagian daripada doh dan tepuk ke dalam cakera kira-kira saiz satu bahagian seterika wafel. Ulangi dengan baki 3 bahagian adunan.

g) Letakkan cakera pada seterika wafel, menutup grid seterika wafel sepenuhnya. Tutup tudung dan masak sehingga kebanyakannya ditetapkan tetapi tidak agak perang keemasan, kira-kira 3 minit.

h) Buka seterika wafel, sendukkan lapisan topping sekata kira-kira ½ inci tebal pada kerak, dan tutup seterika wafel selama 1 minit. Buka seterika wafel sekali lagi, atasnya dengan keju, dan tutup seterika wafel selama 20 saat untuk mencairkan keju. Keluarkan pai tamale dari seterika wafel dan hidangkan.

21. Migas Mexico Wafel

HASIL: Hidangan 2

bahan-bahan

- 4 biji telur besar
- 1 tomato kecil, dipotong dadu (kira-kira $\frac{1}{2}$ cawan)
- $\frac{1}{2}$ cawan bawang besar dipotong dadu
- $\frac{1}{2}$ cawan keju Cheddar atau Monterey Jack yang dicincang
- 1 lada jalapeño kecil, dibiji dan dikisar
- 2 tortilla jagung lembut, potong atau koyakkan kira-kira $\frac{1}{2}$ inci
- $\frac{1}{4}$ sudu teh garam
- $\frac{1}{4}$ sudu teh lada hitam yang baru dikisar
- Semburan masak nonstick

Arah

a) Panaskan seterika wafel pada medium.

b) Dalam mangkuk bersaiz sederhana, pukul telur. Masukkan bahan-bahan lain kecuali semburan masak dan kacau dengan kuat untuk menggabungkan.

c) Salut kedua-dua belah grid besi wafel dengan semburan nonstick. Sendukkan sedikit adunan pada setiap bahagian seterika wafel. Sesetengah Bahan mungkin mengendap di bahagian bawah mangkuk, jadi pastikan anda mencapai bahagian bawah mangkuk untuk mendapatkan adunan yang baik.

d) Tutup tudung dan masak sehingga telur tidak cair lagi, 2 minit.

e) Keluarkan migas dari seterika wafel dengan spatula offset atau sepasang spatula silikon tahan haba, dan hidangkan.

22. Wonton Udang Wafel

HASIL: Mendapat 16 wonton

bahan-bahan

- 8 auns udang masak dan sejuk (31–40 kiraan atau 41–50 kiraan), dikupas, buang ekor
- 1 putih telur besar, dipukul ringan
- ¼ cawan daun bawang dicincang halus, kedua-dua bahagian hijau dan putih
- 1 ulas bawang putih, dikisar
- 2 sudu kecil gula perang
- 2 sudu teh cuka putih suling
- ½ sudu teh halia segar parut atau cincang
- ¾ sudu teh garam
- ½ sudu teh lada hitam yang baru dikisar
- 1 bungkusan pembungkus wonton (sekurang-kurangnya 32 pembungkus), kira-kira 3½ inci setiap sisi
- Semburan masak nonstick
- Sos Pencicah Halia-Bijan

Arah

a) Cincang halus udang supaya menjadi seperti pes. Jika anda ingin menggunakan pemproses makanan, setengah dozen denyutan pantas harus menyelesaikannya. Letakkan udang yang dicincang dalam mangkuk bersaiz sederhana.

b) Masukkan putih telur, daun bawang, bawang putih, gula, cuka, halia, garam, dan lada sulah kepada udang, kacau hingga sebati, dan ketepikan.

c) Panaskan seterika wafel dengan tinggi. Panaskan ketuhar pada tetapan paling rendah.

d) Untuk membentuk ladu, keluarkan pembungkus wonton dari bungkusan. Menggunakan berus pastri atau jari yang bersih, basahkan kesemua 4 tepi pembalut. Letakkan sedikit sudu campuran udang di tengah dan atas dengan pembalut wonton yang lain. Tekan di sepanjang tepi untuk mengelak. Ketepikan wonton yang telah siap, tutup dengan tuala lembap, dan bentuk yang lain.

e) Salut kedua-dua belah grid besi wafel dengan semburan nonstick. Tetapkan seberapa banyak wonton pada seterika wafel yang sesuai dan menutup penutup dengan selesa. Masak selama 2 minit sebelum menyemak. Pembalut wonton harus kehilangan lutsinarnya dan tanda wafel hendaklah berwarna perang keemasan dalam.

f) Hidangkan wonton dengan Sos Pencicah Halia-Bijan.

23. Cheesy Waffled Arancini

HASIL: Membuat 8 arancini; berkhidmat 4

bahan-bahan

- 2 cawan nasi putih bijirin pendek yang dimasak seperti Arborio, disediakan mengikut arahan pakej dan disejukkan
- $\frac{1}{2}$ cawan keju Parmesan parut
- $\frac{1}{4}$ sudu teh garam
- $\frac{1}{4}$ sudu teh lada hitam yang baru dikisar
- 3 biji telur besar
- 2 auns mozzarella segar, potong 8 ketul
- 1 cawan serbuk roti berperisa
- Semburan masak nonstick

Arah

a) Panaskan seterika wafel pada medium. Panaskan ketuhar pada tetapan paling rendah.

b) Dalam mangkuk bersaiz sederhana, satukan nasi, Parmesan, garam, lada sulah, dan 1 telur, dan kacau hingga sebati.

c) Dengan tangan yang basah, bentukkan setiap bebola nasi dengan mengambil sebahagian kecil adunan, memerahnya dengan kuat ke dalam bebola, dan memasukkan seketul mozzarella ke dalam bola. Keju hendaklah dimasukkan sepenuhnya ke dalam nasi. Ulangi proses ini untuk membentuk 8 bola arancini dan ketepikan.

d) Pukul bersama baki 2 biji telur dalam mangkuk kecil. Letakkan serbuk roti dalam mangkuk cetek atau hidangan dalam, seperti kuali pai. Celupkan setiap arancini ke dalam adunan telur dan kemudian ke dalam serbuk roti, goncangkan sebarang lebihan. Tangani arancini dengan berhati-hati.

e) Salut kedua-dua belah grid besi wafel dengan semburan nonstick. Letakkan sebiji bola arancini dalam setiap bahagian seterika wafel, tutup tudung, dan masak sehingga arancini bersatu sebagai unit padu, 4 minit.

f) Semasa arancini sedang memasak, panaskan sos marinara dalam ketuhar gelombang mikro selama 45 saat, atau dalam periuk kecil di atas dapur dengan api perlahan.

g) Keluarkan arancini dari seterika wafel dan ulangi Langkah 5 dan 6 dengan baki arancini. Pastikan arancini yang telah siap dipanaskan di dalam ketuhar.

h) Hidangkan arancini bersama sos marinara hangat.

24. Zucchini-Parmesan Fritters

HASIL: Hidangan 4

bahan-bahan

- 2 cawan zucchini yang dicincang (kira-kira 2 zucchini saiz sederhana)
- $\frac{1}{2}$ sudu teh garam
- 1 biji telur besar
- $\frac{1}{4}$ cawan susu
- $\frac{1}{2}$ cawan keju Parmesan parut
- $\frac{1}{2}$ cawan tepung serba guna
- $\frac{1}{4}$ sudu teh lada hitam yang baru dikisar
- Semburan masak nonstick

Arah

a) Letakkan zucchini dalam penapis atau colander dan taburkan dengan $\frac{1}{4}$ sudu teh garam. Biarkan ia berdiri selama 30 minit. Bilas dengan baik dengan air sejuk. Tekan untuk mengeluarkan cecair yang berlebihan daripada zucchini dan kemudian keringkan dengan tuala bersih tanpa serabut atau tuala kertas.

b) Panaskan seterika wafel pada medium. Panaskan ketuhar pada tetapan paling rendah.

c) Dalam mangkuk besar, pukul telur dan kemudian masukkan susu dan $\frac{1}{4}$ cawan Parmesan. Pukul rata untuk sebati.

d) Dalam mangkuk kecil, satukan tepung, baki $\frac{1}{4}$ sudu teh garam, dan lada sulah. Gaul rata dan kacau ke dalam mangkuk besar dengan adunan telur. Masukkan zucchini dan gaul hingga sebati.

e) Salut kedua-dua belah grid besi wafel dengan semburan nonstick. Letakkan sudu bulat campuran zucchini pada seterika wafel, tinggalkan ruang antara setiap sudu untuk merebak. Tutup penutup.

f) Masak sehingga berwarna perang dan masak, 3 minit, dan keluarkan dari seterika wafel.

g) Ulangi Langkah 5 dan 6 dengan baki adunan. Pastikan goreng yang telah siap hangat di dalam ketuhar.

h) Untuk menghidangkan, letak atas goreng dengan baki $\frac{1}{4}$ cawan Parmesan.

25. Tostones Wafel

HASIL: Hidangan 4

bahan-bahan

- 2 liter minyak berperisa neutral, seperti kanola, untuk menggoreng
- 2 batang pisang kuning (sedikit hijau boleh)
- Garam, secukup rasa
- Sos Pencicah Bawang Putih

Arah

a) Tuangkan minyak ke dalam periuk besar atau ketuhar Belanda, berhati-hati untuk meninggalkan banyak ruang di bahagian atas periuk. Minyak tidak boleh keluar lebih daripada separuh, atau ia boleh menggelegak apabila pisang raja ditambah.

b) Bawa minyak ke 350°F pada termometer yang dibaca segera di atas api sederhana.

c) Semasa minyak panas, kupas pisang. Potong setiap hujung dan kemudian potong 3 celah memanjang di sepanjang pisang raja. Cungkil kulit dengan jari anda. Potong setiap pisang raja menjadi kepingan kira-kira $\frac{1}{4}$ inci tebal.

d) Panaskan seterika wafel pada medium. Panaskan pinggan dalam ketuhar pada tetapan paling rendah.

e) Apabila minyak mencapai kira-kira 350°F, kiub roti yang dijatuhkan ke dalam minyak akan bertukar menjadi coklat muda dalam masa 60 saat. Goreng hirisan pisang raja pada suhu ini selama 1 minit.

f) Selepas seminit, periksa hirisan pisang raja untuk melihat sama ada ia sudah siap. Ia sepatutnya berwarna keemasan terang dan dimasak di luar. Semakin hijau pisang, semakin lama masa yang diperlukan untuk menggoreng—sehingga kira-kira 3 minit.

g) Dengan sudu berlubang, keluarkan pisang goreng dari minyak dan toskan di atas pinggan yang dialas dengan tuala kertas. Sedikit minyak yang melekat pada mereka tidak mengapa-malah, ia akan membantu apabila mereka masuk ke dalam seterika wafel.

h) Letakkan seberapa banyak pisang goreng yang boleh dimuatkan dalam satu lapisan pada seterika wafel, tinggalkan sedikit ruang untuk mengembang.

i) Tekan penutup seterika wafel ke bawah untuk menghancurkan pisang raja. Berhati-hati: Tudung mungkin panas.

j) Masak sehingga pisang menjadi perang keemasan dan lembut sepanjang masa, 2 minit.

k) Keluarkan pisang raja dari seterika wafel. Ulangi Langkah 8 hingga 10 dengan baki pisang raja.

l) Letakkan pisang yang telah siap di atas pinggan hangat, dan taburkan dengan garam. Hidangkan bersama Sos Pencicah Bawang Putih.

26. Kentang Goreng Wafel

HASIL: Hidangan 4

bahan-bahan

- Semburan masak nonstick
- 4 sudu besar ($\frac{1}{2}$ batang) mentega tanpa garam, cair
- 1 cawan air
- $\frac{1}{2}$ sudu teh garam
- 2 cawan kepingan kentang segera
- Sos tomato atau mayonis, untuk hidangan

Arah

a) Panaskan seterika wafel dengan tinggi. Salut kedua-dua belah grid besi wafel dengan semburan nonstick.

b) Satukan mentega cair, air dan garam dalam mangkuk. Masukkan serpihan kentang dan kacau adunan hingga sebati. Biarkan ia duduk sementara seterika wafel mencapai suhu yang dikehendaki. Campuran akan menjadi agak pekat.

c) Untuk setiap goreng wafel, masukkan kira-kira satu sudu campuran kentang ke dalam seterika wafel. Muatkan sebanyak mungkin adunan kentang pada grid besi wafel, tutup tudung dan masak sehingga perang keemasan dalam, 3 minit. Keluarkan kentang goreng dan ulangi, sembur grid besi wafel sekali lagi jika perlu, sehingga anda telah menghabiskan semua adunan kentang.

d) Hidangkan kentang goreng dengan sos tomato atau mayonis.

27. Cincin Bawang Wafel

HASIL: Hidangan 4

bahan-bahan

- $1\frac{1}{2}$ cawan tepung serba guna
- $\frac{1}{2}$ cawan tepung jagung
- 1 sudu besar serbuk penaik
- 2 sudu kecil garam
- 2 sudu teh gula pasir
- 1 sudu teh lada hitam yang baru dikisar
- 1 sudu kecil serbuk bawang
- 12 auns bir gaya lager
- $\frac{1}{4}$ cawan minyak berperisa neutral, seperti canola
- 1 bawang besar, dihiris nipis dan kemudian dipotong menjadi segmen tidak lebih daripada 1 inci panjang
- Semburan masak nonstick

Arah

a) Panaskan seterika wafel pada medium. Panaskan ketuhar pada tetapan paling rendah.

b) Dalam mangkuk besar, satukan tepung, tepung jagung, serbuk penaik, garam, gula, lada sulah dan serbuk bawang dan kacau hingga sebati. Pukul dalam bir. (Campuran akan berbuih.) Masukkan minyak dan kemudian bawang.

c) Salut kedua-dua belah grid besi wafel dengan semburan nonstick.

d) Tuangkan kira-kira $\frac{1}{4}$ cawan adunan ke atas seterika wafel dalam bentuk cincin besar,

e) Cincin anda tidak akan sempurna, tetapi anda boleh menggunakan spatula silikon untuk menyenggol beberapa bahagian adunan ke dalam bentuk sebelum menutup penutup.

f) Masak selama 4 minit, atau sehingga perang. Tanggalkan cincin bawang dari seterika wafel.

g) Ulangi Langkah 3 dan 4 untuk membuat baki cincin bawang. Pastikan cincin bawang siap hangat di dalam ketuhar.

h) Hidangkan panas.

28. Biskut Oatmeal Wafel

HASIL: Membuat kira-kira 20 kuki

bahan-bahan

- $\frac{1}{2}$ cawan mentega tanpa garam, dilembutkan
- $\frac{1}{2}$ cawan gula perang muda yang dibungkus padat
- 2 biji telur besar
- 1 sudu teh ekstrak vanila tulen
- $\frac{1}{2}$ cawan tepung serba guna
- $\frac{1}{2}$ sudu teh baking soda
- $\frac{1}{4}$ sudu teh garam
- $\frac{3}{4}$ cawan oat gulung kuno
- $\frac{3}{4}$ cawan cip coklat mini separa manis
- Semburan masak nonstick

Arah

a) Panaskan seterika wafel pada medium.
b) Dalam mangkuk besar, pukul mentega dan gula perang dengan pengadun tangan elektrik sehingga rata.
c) Masukkan telur dan vanila, kemudian teruskan pukul sehingga ia sebati sepenuhnya.

d) Dalam mangkuk bersaiz sederhana, satukan tepung, soda penaik, dan garam. Masukkan Bahan-bahan kering ini ke dalam Bahan-bahan basah dan gaul sehingga tinggal beberapa coretan tepung.

e) Masukkan oat dan cip coklat dan kacau hingga sebati.

f) Salut kedua-dua belah grid besi wafel dengan semburan nonstick.

g) Letakkan satu sudu besar doh pada setiap bahagian wafel, memberi ruang untuk kuki merebak. Tutup tudung dan masak sehingga biskut siap dan mula perang. Ini tidak akan mengambil masa yang lama—2 atau 3 minit, bergantung pada kepanasan seterika wafel anda. Kuki hendaklah lembut apabila anda mengeluarkannya dan akan padat apabila ia sejuk.

h) Pindahkan kuki ke rak dawai untuk menyejukkan.

i) Ulangi Langkah 6 hingga 8 sehingga adunan yang tinggal di wafel.

29. Wafel Aiskrim Red Velvet

HASIL: Membuat 8 sandwic

bahan-bahan

- $1\frac{3}{4}$ cawan tepung serba guna
- $\frac{1}{4}$ cawan koko tanpa gula
- 1 sudu teh baking soda
- 1 sudu teh garam
- 1 cawan minyak canola
- 1 cawan gula pasir
- 1 biji telur besar
- 3 sudu besar pewarna makanan merah
- 1 sudu teh ekstrak vanila tulen
- $1\frac{1}{2}$ sudu teh cuka putih suling
- $\frac{1}{2}$ cawan buttermilk
- Semburan masak nonstick
- $1\frac{1}{2}$ liter aiskrim vanila
- 2 cawan cip coklat mini separa manis

Arah

a) Panaskan seterika wafel pada medium.

b) Dalam mangkuk bersaiz sederhana, pukul bersama tepung, koko, soda penaik dan garam. Ketepikan.

c) Dalam mangkuk pengadun berdiri, atau dengan pengadun tangan elektrik dalam mangkuk besar, pukul minyak dan gula pada kelajuan sederhana sehingga sebati. Pukul dalam telur. Kecilkan pengadun kepada rendah, dan perlahan-lahan masukkan pewarna makanan dan vanila.

d) Campurkan cuka dan susu mentega bersama-sama. Masukkan separuh daripada campuran buttermilk ini ke dalam mangkuk besar dengan minyak, gula dan telur. Kacau hingga sebati, kemudian masukkan separuh adunan tepung. Kikis mangkuk dan kacau hanya untuk memastikan tiada tepung yang tidak dicampur. Masukkan baki adunan buttermilk, kacau hingga sebati, kemudian masukkan adunan tepung yang terakhir. Kacau lagi, cukup untuk memastikan tiada tepung yang tidak dibancuh.

e) Salut kedua-dua belah grid besi wafel dengan semburan nonstick. Tuang adunan secukupnya ke dalam seterika wafel untuk menutup grid, tutup tudung dan masak sehingga wafel cukup pejal untuk dikeluarkan dari seterika wafel, 4 minit.

f) Biarkan wafel sejuk sedikit di atas rak dawai. Gunakan gunting dapur atau pisau tajam untuk memisahkan wafel menjadi beberapa bahagian (mungkin segi empat tepat, baji atau hati, bergantung pada seterika wafel anda). Ulang untuk membuat sejumlah 16 bahagian.

g) Semasa bahagian wafel menyejuk, tetapkan ais krim di kaunter supaya lembut selama 10 minit.

h) Selepas ais krim telah lembut, sediakan separuh daripada bahagian wafel dan gunakan spatula untuk menyapu ais krim setebal kira-kira 1 inci pada setiap satu. Teratas dengan bahagian yang tinggal untuk membuat 8 sandwic. Kikis sebarang limpahan aiskrim dengan spatula getah untuk mengemaskan tepinya.

i) Kemudian celupkan tepi aiskrim ke dalam mangkuk atau hidangan cetek berisi cip coklat mini.

j) Balut setiap sandwic dengan ketat dalam bungkus plastik, letakkan di dalam beg zip atas, dan letakkan beg di dalam peti sejuk selama sekurang-kurangnya 1 jam untuk membolehkan ais krim mengeras. Keluarkan sandwic beberapa minit sebelum dihidangkan untuk membolehkannya lembut sedikit.

30. Roti Pisang Wafel

HASIL: Membuat 10 hingga 15 keping roti pisang wafel

bahan-bahan

- 1 cawan ditambah 2 sudu besar gula pasir
- 1 sudu teh kayu manis tanah
- 3 pisang masak bersaiz sederhana, dihiris bulat setebal $\frac{1}{8}$ inci
- 8 sudu besar (1 batang) mentega tanpa garam, dilembutkan
- $\frac{1}{2}$ cawan gula perang muda yang dibungkus
- 6 auns krim keju, dilembutkan, dipotong kira-kira 1 auns ketulan
- 2 biji telur besar
- 1 sudu teh ekstrak vanila tulen
- $1\frac{1}{2}$ cawan tepung serba guna
- $\frac{1}{2}$ cawan oat kuno yang belum dimasak
- $1\frac{1}{2}$ sudu teh serbuk penaik
- $\frac{1}{4}$ sudu teh garam DAN Semburan masak nonstick

Arah

a) Dalam mangkuk kecil, campurkan 2 sudu besar gula pasir dan kayu manis. Letakkan kepingan pisang yang dihiris dalam mangkuk kecil, kemudian taburkannya dengan campuran kayu manis-gula. Kacau untuk mengagihkan campuran kayu manis-gula secara sekata. Biarkan pisang selama 30 minit.

b) Dalam mangkuk pengadun berdiri yang dipasang dengan lampiran dayung atau dengan pengadun tangan elektrik, campurkan mentega, baki cawan gula pasir dan gula perang sehingga sebati. Masukkan keju krim dan gaul sehingga ia benar-benar dimasukkan ke dalam adunan gula. Masukkan telur satu persatu dan gaul sehingga sebati ke dalam adunan. Masukkan vanila dan gaul rata hingga sebati.

c) Dalam mangkuk adunan bersaiz sederhana, satukan tepung, oat, serbuk penaik dan garam. Setelah sebati, tuang adunan tepung ke dalam adunan mentega dan gula. Gaul sehingga Bahan kering sebati sepenuhnya ke dalam Bahan basah, kikis mangkuk untuk memastikan adunan sebati.

d) Tuangkan pisang dan sebarang cecair terkumpul ke dalam mangkuk, dan lipat perlahan-lahan untuk dimasukkan.

e) Panaskan seterika wafel pada medium. Salut kedua-dua belah grid besi wafel dengan semburan nonstick. Panaskan ketuhar pada tetapan paling rendah.

f) Salut bahagian dalam cawan penyukat ⅓ cawan dengan semburan nonstick untuk membantu melepaskan adunan. Sukat ⅓ cawan adunan dan tuangkan ke atas seterika wafel yang telah dipanaskan. Tutup tudung dan masak sehingga roti pisang berwarna perang keemasan gelap, 5 minit.

g) Keluarkan kepingan siap dari seterika wafel dan letakkan di atas rak dawai untuk menyejukkan sedikit. Ulangi Langkah 6 dengan adunan yang tinggal. Simpan kepingan siap hangat di dalam ketuhar.

31. S'mores wafel

HASIL: Hidangan 4

bahan-bahan

- Semburan masak nonstick
- ½ cawan tepung gandum putih
- ½ cawan tepung serba guna
- ¼ cawan gula perang gelap yang dibungkus padat
- ½ sudu teh baking soda
- ¼ sudu teh garam
- Secubit kayu manis yang telah dikisar
- 4 sudu besar (½ batang) mentega tanpa garam, cair
- 2 sudu besar susu
- ¼ cawan madu
- 1 sudu besar ekstrak vanila tulen
- ¾ cawan cip coklat separuh manis
- ¾ cawan marshmallow mini

Arah

a) Panaskan seterika wafel pada medium. Salut kedua-dua belah grid besi wafel dengan semburan nonstick.

b) Dalam mangkuk adunan, satukan tepung, gula perang, baking soda, garam dan kayu manis. Dalam mangkuk yang berasingan, pukul bersama mentega cair, susu, madu dan vanila.

c) Masukkan bahan basah ke dalam adunan tepung dan kacau sehingga menjadi doh.

d) Biarkan adunan berdiri selama 5 minit. Ia akan menjadi lebih tebal daripada adunan wafel biasa, tetapi tidak setebal doh roti.

e) Sukat kira-kira ¼ cawan adunan dan letakkan pada satu bahagian seterika wafel. Ulangi dengan ¼ cawan adunan lagi, untuk memberi anda bahagian atas dan bawah untuk sandwic s'moreffle anda.

f) Tutup penutup dan masak sehingga keropok graham wafel masih lembut sedikit tetapi masak sepanjang, 3 minit.

g) Keluarkan keropok graham wafel dari seterika wafel dengan berhati-hati. Mereka akan menjadi agak lembut, jadi berhati-hatilah untuk memastikannya tetap utuh. Biarkan mereka sejuk sedikit. Ulangi Langkah 5 hingga 7 dengan baki adunan.

32. Wafel Buttermilk Cornmeal

HASIL: 4 hingga 6 wafel; berkhidmat 4

bahan-bahan

- $1\frac{3}{4}$ cawan tepung serba guna
- $\frac{1}{4}$ cawan tepung jagung yang dikisar halus
- 2 sudu teh baking soda
- 1 sudu teh garam
- 2 biji telur besar, diasingkan
- $1\frac{3}{4}$ cawan mentega
- 4 sudu besar mentega tanpa garam, cair dan sejukkan
- 1 sudu teh ekstrak vanila tulen
- Semburan masak nonstick
- Mentega dan sirap maple, untuk hidangan

Arah

a) Panaskan seterika wafel pada medium. Panaskan ketuhar pada tetapan paling rendah.

b) Dalam mangkuk besar, pukul bersama tepung, tepung jagung, soda penaik dan garam. Dalam mangkuk yang berasingan, pukul bersama kuning telur, susu mentega, mentega dan vanila.

c) Dalam mangkuk bersaiz sederhana, pukul putih telur sehingga ia memegang puncak lembut.

d) Masukkan bahan cecair ke dalam Bahan kering sambil digaul perlahan-lahan. Kemudian masukkan putih telur ke dalam adunan.

e) Salut kedua-dua belah grid besi wafel dengan semburan nonstick. Tuangkan adunan ke dalam seterika wafel, tutup penutup, dan masak sehingga perang keemasan, 3 hingga 5 minit.

f) Keluarkan wafel. Untuk memastikan ia hangat, letakkan di atas rak dawai di dalam ketuhar. Ulangi Langkah 5 untuk membuat baki wafel.

g) Hidangkan dengan mentega dan sirap maple.

33. Wafel Coklat

Menjadikan 8 hingga 10

bahan-bahan

- 7 auns (200g) Ais krim separa manis atau pahit manis, pilihan
- coklat, cincang (atau gunakan kerepek)
- 4½ auns (130g) mentega, dipotong dadu
- 2 biji telur
- 1½ cawan (360ml) susu
- 1 sudu teh ekstrak vanila
- 2 cawan (260g) tepung serba guna
- ¾ cawan (150g) gula
- ¼ cawan (35g) serbuk koko
- 1 sudu kecil serbuk penaik
- 1 sudu teh garam
- 1 (45g) cawan cip coklat

Arah

a) Sediakan Sear dan Tekan Grill dengan Plat Wafel. Pilih 450°F untuk plat atas dan bawah. Tekan Mula untuk memanaskan.

b) Letakkan coklat dan mentega dalam mangkuk yang selamat untuk microwave dan panaskan pada kuasa 100% selama 30 saat. Kacau berterusan sehingga coklat dan mentega cair dan adunan sebati. Ketepikan untuk menyejukkan sedikit.

c) Pukul telur, susu dan vanila bersama-sama dalam mangkuk atau jag adunan besar, dan kacau melalui adunan coklat yang telah disejukkan sehingga rata.

d) Ayak tepung, gula, serbuk koko, serbuk penaik dan garam bersama-sama dalam mangkuk adunan besar dan buat perigi di tengah.

e) Tuangkan ke dalam adunan telur dan pukul sehingga rata dengan hanya beberapa ketul. Kacau melalui cip coklat.

f) Setelah Prapanas selesai; lampu Sedia hijau akan menyala. Masukkan ½ cawan adunan ke dalam setiap petak wafel.

Tutup tudung dan masak sehingga masak dan kering bila disentuh. Ini akan mengambil masa kira-kira $3\frac{1}{2}$–4 minit. Keluarkan wafel dan letakkan di atas rak dawai untuk menyejukkan sedikit.

g) Ulang dengan baki adunan. Hidangkan dengan aiskrim, jika mahu.

34. Wafel dengan Rhubarb Rebus

Menjadikan 8 hingga 10

bahan-bahan

- 2 biji telur, dipisahkan
- 1 paun rhubarb segar, dipotong dan dicuci
- $1\frac{3}{4}$ cawan (420ml) susu
- $\frac{1}{4}$ cawan gula
- 1 sudu teh ekstrak vanila
- 4 auns (115g) mentega, dicairkan untuk dihidangkan
- 1 x 4.6-auns (130g) bungkusan vanila Gula tepung, pilihan.
- puding campur Vanila kastard, pilihan.
- $2\frac{1}{4}$ cawan (295g) tepung serba guna
- 2 sudu teh serbuk penaik
- $\frac{1}{4}$ sudu teh garam
- $\frac{1}{2}$ cawan (100g) gula

Arah

a) Sediakan Sear dan Tekan Grill dengan Plat Wafel. Pilih 410°F untuk plat atas dan 350°F untuk plat bawah. Tekan Mula untuk memanaskan.

b) Untuk ketupat rebus, potong tangkai ketupat kepada panjang $\frac{1}{2}$ inci dan masukkan ke dalam periuk dengan gula dan 1 cawan air. Masak dengan api perlahan sehingga ketupat lembut, tetapi tidak hancur. Sejukkan sepenuhnya.

c) Untuk wafel, pukul kuning telur, susu, ekstrak vanila dan mentega cair bersama-sama dalam mangkuk adunan yang besar.

d) Satukan adunan puding, tepung, serbuk penaik, garam dan gula bersama-sama dalam mangkuk adunan besar dan buat perigi di tengah.

e) Tuangkan campuran telur dan susu dengan teliti dan pukul sehingga sebati.

f) Pukul putih telur dengan pemukul elektrik sehingga bentuk puncak padat. Lipat melalui adunan wafel.

g) Setelah Prapanas selesai; lampu Sedia hijau akan menyala. Masukkan $\frac{1}{2}$ cawan adunan ke dalam setiap petak wafel.

h) Tutup tudung dan masak sehingga masak dan perang keemasan. Ini akan mengambil masa lebih kurang 4 minit atau sehingga masak mengikut citarasa anda. Keluarkan wafel dan letakkan di atas rak dawai untuk menyejukkan sedikit.

i) Ulang dengan baki adunan. Hidangkan dengan kastard vanila tebal dan rhubarb; taburkan dengan gula halus.

35. Wafel Souffle Tiga Keju

Menjadikan 10 hingga 12

bahan-bahan

- 4 biji telur, dipisahkan
- 2¼ cawan (540ml) susu
- 4 auns (115g) mentega, cair
- ½ cawan (40g) parmesan parut
- ½ cawan (40g) mozzarella parut ¼ cawan (20g) provolon parut
- 3L cawan (435g) tepung serba guna
- 1 sudu besar serbuk penaik
- 1 sudu teh baking soda
- 1 sudu teh garam halal
- 1 cawan (10g) daun kucai dicincang halus

Arah

a) Sediakan Sear dan Tekan Grill dengan Plat Wafel. Pilih 450°F untuk plat atas dan bawah. Tekan Mula untuk memanaskan.
b) Satukan kuning telur, susu dan mentega, dan pukul sehingga sebati.
c) Letakkan keju, tepung, serbuk penaik, soda penaik dan garam ke dalam mangkuk adunan besar dan buat perigi di tengah.
d) Tuangkan ke dalam adunan telur dan lipat sehingga sebati.
e) Pukul putih telur dengan pemukul elektrik sehingga bentuk puncak padat. Lipat adunan wafel bersama daun kucai yang dihiris.
f) Setelah Prapanas selesai; lampu Sedia hijau akan menyala. Masukkan ½ cawan adunan ke dalam setiap petak wafel. Tutup tudung dan masak sehingga masak dan perang keemasan. Ini akan mengambil masa kira-kira 4-5 minit atau sehingga masak mengikut citarasa anda.

36. Wafel Susu Mentega

Membuat 6 wafel

bahan-bahan:

- 2 cawan tepung serba guna
- 2 Sudu besar polenta atau jagung kering
- 2 Sudu besar gula putih
- $\frac{3}{4}$ sudu teh baking soda
- $\frac{3}{4}$ sudu teh garam yang dihiris
- $2\frac{1}{2}$ cawan buttermilk
- 3 biji telur besar
- 1 sudu teh ekstrak vanila tulen
- 2/3 cawan minyak sayuran

Arah

a) Satukan Bahan kering dalam mangkuk adunan yang besar; pukul sehingga sebati. Sama ada dalam cawan penyukat besar atau mangkuk adunan yang berasingan, satukan Bahan-bahan yang tinggal dan pukul hingga sebati.

b) Masukkan bahan cecair ke dalam Bahan kering dan pukul sehingga rata.

c) Panaskan pembuat wafel ke tetapan yang dikehendaki (nada akan berbunyi apabila dipanaskan dahulu).

d) Tuangkan sedikit secawan adunan melalui bahagian atas muncung. Apabila nada berbunyi, wafel sudah siap. Buka pembuat wafel dengan berhati-hati dan keluarkan wafel bakar.

e) Tutup pembuat wafel dan ulangi dengan baki adunan.

37. Wafel Belgium

Membuat 5 wafel

bahan-bahan:
- 2 cawan tepung serba guna
- 2 sudu besar polenta
- $\frac{3}{4}$ sudu teh garam yang dihiris
- $\frac{1}{2}$ sudu teh baking soda
- 2 biji telur besar, diasingkan
- $2\frac{1}{2}$ cawan susu mentega
- $\frac{1}{4}$ cawan minyak sayuran
- $\frac{1}{2}$ sudu teh ekstrak vanila tulen
- Secubit krim tartar

Arah

a) Satukan empat Bahan pertama dalam mangkuk adunan yang besar; pukul sehingga sebati.

b) Sama ada dalam cawan penyukat besar atau mangkuk adunan berasingan, satukan kuning telur, susu mentega, minyak dan ekstrak vanila dan pukul sehingga sebati.

c) Masukkan bahan cecair ke dalam Bahan kering dan pukul sehingga rata.

d) Masukkan putih telur dan krim tartar ke dalam mangkuk besar yang berasingan dan bersih. Menggunakan sama ada pemukul atau pengadun tangan yang dipasang dengan alat pemukul, pukul hingga ke puncak sederhana. Menggunakan spatula besar, masukkan putih yang disebat ke baki adunan dan lipat sehingga sebati – pastikan tiada ketulan putih telur dalam adunan. Jika perlu, pukul hingga rata adunan.

e) Panaskan pembuat wafel ke tetapan yang dikehendaki (nada akan berbunyi apabila dipanaskan dahulu).

f) Perlahan-lahan tuangkan secawan penuh adunan melalui bahagian atas muncung, pastikan untuk membenarkan adunan mengalir ke dalam pembuat wafel dan tidak mengisi muncung dengan adunan sekaligus. Apabila nada berbunyi, wafel sudah siap.

g) Buka pembuat wafel dengan berhati-hati dan keluarkan wafel bakar. Tutup pembuat wafel dan ulangi dengan baki adunan.

38. Wafel Multigrain

Membuat 4 wafel

bahan-bahan:
- 1 cawan tepung keseluruhan
- $\frac{1}{2}$ cawan tepung serba guna
- $\frac{1}{4}$ cawan makanan badam
- $\frac{1}{4}$ cawan kuman gandum
- 1 sudu teh serbuk penaik
- $\frac{1}{2}$ sudu teh garam yang dihiris
- $\frac{1}{2}$ sudu teh kayu manis tanah
- $\frac{1}{4}$ sudu teh baking soda
- 2 cawan susu tanpa tenusu
- 2 sudu teh cuka putih suling
- 2 biji telur besar
- 2 Sudu besar sirap maple tulen
- 1 sudu teh ekstrak vanila tulen
- $\frac{1}{4}$ cawan minyak sayuran
- 2 sudu besar minyak biji rami

Arah

a) Satukan Bahan kering dalam mangkuk adunan yang besar; pukul sehingga sebati. Sama ada dalam cawan penyukat besar atau mangkuk adunan yang berasingan, satukan Bahan-bahan yang tinggal dan pukul sehingga sebati.

b) Masukkan bahan cecair ke dalam Bahan kering dan pukul sehingga rata.

c) Panaskan pembuat wafel ke tetapan yang dikehendaki (nada akan berbunyi apabila dipanaskan dahulu).

d) Tuangkan sedikit secawan adunan melalui bahagian atas muncung. Apabila nada berbunyi, wafel sudah siap.

e) Buka pembuat wafel dengan berhati-hati dan keluarkan wafel bakar. Tutup pembuat wafel dan ulangi dengan baki adunan.

39. Wafel Soba

Membuat 6 wafel

bahan-bahan
- $1\frac{1}{2}$ cawan tepung serba guna
- $\frac{1}{2}$ cawan tepung soba
- 2 sudu besar polenta
- 2 Sudu besar gula putih
- $\frac{3}{4}$ sudu teh baking soda
- $\frac{3}{4}$ sudu teh garam yang dihiris
- $2\frac{1}{2}$ cawan susu mentega
- 3 biji telur besar
- 1 sudu teh ekstrak vanila tulen
- 2/3 cawan minyak sayuran

Arah

a) Satukan Bahan kering dalam mangkuk adunan yang besar; pukul sehingga sebati. Sama ada dalam cawan penyukat besar atau mangkuk adunan yang berasingan, satukan Bahan-bahan yang tinggal dan pukul hingga sebati.

b) Masukkan bahan cecair ke dalam Bahan kering dan pukul sehingga rata.

c) Panaskan pembuat wafel ke tetapan yang dikehendaki.

d) Tuangkan sedikit secawan adunan melalui bahagian atas muncung. Apabila nada berbunyi, wafel sudah siap. Buka pembuat wafel dengan berhati-hati dan keluarkan wafel bakar.

e) Tutup pembuat wafel dan ulangi dengan baki adunan.

40. Buah wafel & sirap maple

Membuat 3 wafel

bahan-bahan:
- $1\frac{1}{2}$ cawan tepung beras
- $\frac{1}{4}$ cawan kanji ubi kayu
- 2 Sudu besar susu tepung
- 2 Sudu besar gula putih
- 2 sudu teh serbuk penaik
- $\frac{3}{4}$ sudu teh garam yang dihiris
- $1\frac{1}{2}$ cawan buttermilk
- 1 biji telur besar
- 2 sudu teh ekstrak vanila tulen
- 1/3 cawan minyak sayuran

Arah

a) Satukan Bahan kering dalam mangkuk adunan yang besar; pukul sehingga sebati. Sama ada dalam cawan penyukat besar atau mangkuk adunan yang berasingan, satukan Bahan-bahan yang tinggal dan pukul hingga sebati.

b) Masukkan bahan cecair ke dalam Bahan kering dan pukul sehingga rata.

c) Panaskan pembuat wafel ke tetapan yang dikehendaki (nada akan berbunyi apabila dipanaskan dahulu).

d) Tuangkan 1 cawan penuh adunan melalui bahagian atas muncung. Apabila nada berbunyi, wafel sudah siap. Buka pembuat wafel dengan berhati-hati dan keluarkan wafel bakar.

e) Tutup pembuat wafel dan ulangi dengan baki adunan.

41. Wafel Polenta & Chives

Membuat 6 wafel

bahan-bahan:
- 2 cawan tepung serba guna
- $\frac{1}{2}$ cawan polenta atau jagung kering
- 1 sudu teh garam yang dihiris
- $\frac{3}{4}$ sudu teh baking soda
- $2\frac{1}{2}$ cawan buttermilk
- 3 biji telur besar
- 2/3 cawan minyak sayuran
- $\frac{1}{4}$ cawan daun kucai segar yang dicincang halus

Arah

a) Satukan tepung, polenta, garam dan baking soda dalam mangkuk adunan yang besar; pukul hingga sebati. Sama ada dalam cawan penyukat besar atau mangkuk adunan berasingan, satukan Bahan cecair dan pukul hingga sebati.

b) Masukkan bahan kering dan pukul hingga rata. Masukkan daun kucai.

c) Panaskan pembuat wafel ke tetapan yang dikehendaki (nada akan berbunyi apabila dipanaskan dahulu).

d) Tuangkan sedikit secawan adunan melalui bahagian atas muncung. Apabila nada berbunyi, wafel sudah siap. Buka pembuat wafel dengan berhati-hati dan keluarkan wafel bakar.

e) Tutup pembuat wafel dan ulangi dengan baki adunan.

42. Wafel Keju Pedas

Membuat 6 wafel

bahan-bahan:
- 2 cawan tepung serba guna
- $\frac{1}{4}$ cawan polenta atau jagung kering
- $\frac{3}{4}$ sudu teh baking soda
- $\frac{1}{2}$ sudu teh garam yang dihiris
- $\frac{1}{4}$ sudu teh lada cayenne
- $2\frac{1}{2}$ cawan buttermilk
- 2 biji telur besar
- 2/3 cawan minyak sayuran
- $\frac{1}{2}$ cawan Cheddar yang dicincang halus

Arah

a) Satukan tepung, polenta, baking soda, garam dan rempah dalam mangkuk adunan yang besar; pukul hingga sebati.

b) Sama ada dalam cawan penyukat besar atau mangkuk adunan berasingan, satukan Bahan cecair dan pukul hingga sebati. Masukkan bahan kering dan pukul hingga rata. Lipat dalam Cheddar.

c) Panaskan pembuat wafel ke tetapan yang dikehendaki (nada akan berbunyi apabila dipanaskan dahulu).

d) Perlahan-lahan tuangkan sedikit secawan adunan melalui bahagian atas muncung, pastikan untuk membenarkan adunan mengalir ke dalam pembuat wafel dan tidak mengisi muncung dengan adunan sekaligus.

e) Apabila nada berbunyi, wafel sudah siap.

f) Buka pembuat wafel dengan berhati-hati dan keluarkan wafel bakar.

g) Tutup pembuat wafel dan ulangi dengan baki adunan.

43. Ayam & Wafel

Membuat 8 hidangan

bahan-bahan:
- 2 cawan buttermilk
- 1 Sudu besar sos panas
- 1 Sudu Besar mustard gaya Dijon
- 1½ sudu teh garam, dibahagikan
- 1½ sudu teh lada hitam yang baru dikisar
- 8 ketul dada ayam tanpa tulang, tanpa kulit (700g), ditumbuk nipis
- 2 cawan tepung serba guna
- 1½ sudu teh serbuk penaik
- 1 sudu kecil paprika
- Minyak sayuran untuk menggoreng
- 4 Wafel Polenta & Chives yang disediakan

Arah

a) Dalam mangkuk sederhana, tidak reaktif kacau bersama mentega, sos panas, mustard, 1 sudu teh garam dan 1 sudu teh lada yang baru dikisar.

b) Masukkan kepingan ayam dan salutkan dengan adunan buttermilk. Sejukkan semalaman.

c) Dalam mangkuk adunan cetek, campurkan bersama tepung, serbuk penaik, paprika dan baki garam dan lada sulah.

d) Panaskan deep fryer anda pada suhu 190°C.

e) Semasa minyak sedang dipanaskan, alaskan loyang dengan tuala kertas dan masukkan rak penyejuk di dalam kuali; simpanan.

f) Keluarkan ayam dari adunan buttermilk, dan salutkan sedikit setiap kepingan ayam dengan adunan tepung, ketuk lebihan.

g) Goreng ayam secara berkelompok, kira-kira 3 minit setiap sisi. Suhu dalaman ayam hendaklah mencapai 80°C. Pindahkan ke rak penyejuk yang disediakan.

h) Sapukan mentega kompaun atau mayonis pada setiap wafel kemudian letakkan 2 ketul ayam di atas; siramkan sos manis yang sedap di atasnya.

44. Wafel Lemon & Poppy-Seed

Membuat 6 wafel

bahan-bahan:
- 2 cawan tepung serba guna
- 2 sudu besar polenta
- 2 Sudu besar gula putih
- 2 Sudu besar biji popia
- $\frac{3}{4}$ sudu teh baking soda
- $\frac{3}{4}$ sudu teh garam yang dihiris
- $2\frac{1}{2}$ cawan buttermilk
- 2 biji telur besar
- 1 Sudu besar parutan kulit limau
- 1 sudu teh jus lemon segar
- 1 sudu teh ekstrak vanila tulen
- 2/3 cawan minyak sayuran

Arah

a) Satukan semua Bahan kering dalam mangkuk adunan besar; pukul sehingga sebati. Sama ada dalam cawan penyukat besar atau mangkuk adunan yang berasingan, satukan Bahan-bahan yang tinggal dan pukul hingga sebati.

b) Masukkan bahan cecair ke dalam Bahan kering dan pukul sehingga rata.

c) Panaskan pembuat wafel ke tetapan yang dikehendaki.

d) Tuangkan sedikit secawan adunan melalui bahagian atas muncung. Apabila nada berbunyi, wafel sudah siap. Buka pembuat wafel dengan berhati-hati dan keluarkan wafel bakar.

e) Tutup pembuat wafel dan ulangi dengan baki adunan.

45. Wafel Ricotta & Raspberi

Membuat 6 wafel

bahan-bahan:
- 2 cawan tepung serba guna
- 2 sudu besar polenta
- 2 Sudu besar gula putih
- $\frac{3}{4}$ sudu teh baking soda
- $\frac{3}{4}$ sudu teh garam yang dihiris
- 2 cawan buttermilk
- 2 biji telur besar
- 2/3 cawan ricotta
- 1 sudu teh ekstrak vanila tulen
- $\frac{1}{2}$ cawan minyak sayuran
- $\frac{1}{4}$ cawan jem raspberi/awet

Arah

a) Satukan Bahan kering dalam mangkuk adunan yang besar; pukul sehingga sebati. Sama ada dalam cawan penyukat besar atau mangkuk adunan berasingan, satukan susu mentega, telur, ricotta, ekstrak vanila dan minyak; pukul hingga sebati.

b) Masukkan bahan cecair ke dalam Bahan kering dan pukul sehingga rata. Tuangkan jem/pelihara ke atas adunan dan pusingkan.

c) Panaskan pembuat wafel ke tetapan yang dikehendaki (nada akan berbunyi apabila dipanaskan dahulu).

d) Perlahan-lahan tuangkan sedikit secawan adunan melalui bahagian atas muncung, pastikan untuk membenarkan adunan mengalir ke dalam pembuat wafel dan tidak mengisi muncung dengan adunan sekaligus.

e) Apabila nada berbunyi, wafel sudah siap. Buka pembuat wafel dengan berhati-hati dan keluarkan wafel bakar.

f) Tutup pembuat wafel dan ulangi dengan baki adunan.

46. Wafel Pisang

Membuat 6 wafel

bahan-bahan:

- 2 cawan tepung serba guna
- 2 Sudu besar polenta atau jagung kering
- 2 Sudu besar gula perang ringan
- $\frac{3}{4}$ sudu teh baking soda
- $\frac{3}{4}$ sudu teh garam yang dihiris
- $\frac{1}{4}$ sudu teh kayu manis tanah
- 2 cawan buttermilk
- 2 biji telur besar
- 1 cawan pisang tumbuk
- 2 sudu teh ekstrak vanila tulen
- 2/3 cawan minyak sayuran

Arah

a) Satukan Bahan kering dalam mangkuk adunan yang besar; pukul sehingga sebati.

b) Sama ada dalam cawan penyukat besar atau mangkuk adunan berasingan, satukan Bahan-bahan yang tinggal dan pukul hingga sebati (pastikan pisang sebati.

c) Jika terdapat sebarang ketulan, ia boleh dilicinkan dengan menggunakan kayu atau pengisar meja, atau pemproses makanan).

d) Masukkan bahan cecair ke dalam kering dan pukul sehingga rata.

e) Panaskan pembuat wafel ke tetapan yang dikehendaki (nada akan berbunyi apabila dipanaskan dahulu).

f) Tuangkan sedikit secawan adunan melalui bahagian atas muncung. Apabila nada berbunyi, wafel sudah siap. Buka pembuat wafel dengan berhati-hati dan keluarkan wafel bakar.

g) Tutup pembuat wafel dan ulangi dengan baki adunan.

47. Wafel Coklat

Membuat 6 wafel

bahan-bahan:
- 2 cawan tepung serba guna
- ½ cawan gula putih
- 2/3 cawan serbuk koko tanpa gula, diayak
- 2 sudu teh serbuk penaik
- ½ sudu teh baking soda
- ½ sudu teh garam yang dihiris
- ½ sudu teh kayu manis tanah
- 2½ cawan buttermilk
- 2 biji telur besar
- 1 sudu teh ekstrak vanila tulen
- 1/3 cawan minyak sayuran
- ½ cawan coklat mini separa manis
- suap

Arah

a) Satukan tepung, gula, serbuk koko, serbuk penaik, soda penaik, garam dan kayu manis dalam mangkuk adunan yang besar; pukul hingga sebati.

b) Sama ada dalam cawan penyukat besar atau mangkuk adunan berasingan, satukan Bahan cecair dan pukul hingga sebati.

c) Masukkan bahan kering dan pukul hingga rata. Lipat dalam potongan.

d) Panaskan pembuat wafel ke tetapan yang dikehendaki (nada akan berbunyi apabila dipanaskan dahulu).

e) Tuangkan sedikit secawan adunan melalui bahagian atas muncung. Apabila nada berbunyi, wafel sudah siap. Buka pembuat wafel dengan berhati-hati dan keluarkan wafel bakar.

f) Tutup pembuat wafel dan ulangi dengan baki adunan.

48. Wafel Kayu Manis-Gula

Membuat 6 wafel

bahan-bahan:
- 2 cawan tepung serba guna
- 2 Sudu besar polenta atau jagung kering
- $\frac{1}{4}$ cawan gula perang ringan atau gelap yang dibungkus
- 1 sudu teh kayu manis tanah
- $\frac{3}{4}$ sudu teh baking soda
- $\frac{3}{4}$ sudu teh garam yang dihiris
- $2\frac{1}{2}$ cawan buttermilk
- 2 biji telur besar
- 1 sudu teh ekstrak vanila tulen
- 2/3 cawan minyak sayuran

Arah

a) Satukan Bahan kering dalam mangkuk adunan yang besar; pukul sehingga sebati.

b) Sama ada dalam cawan penyukat besar atau mangkuk adunan yang berasingan, satukan Bahan-bahan yang tinggal dan pukul hingga sebati.

c) Masukkan bahan kering dan pukul hingga rata.

d) Panaskan pembuat wafel ke tetapan yang dikehendaki (nada akan berbunyi apabila dipanaskan dahulu).

e) Tuangkan sedikit secawan adunan melalui bahagian atas muncung. Apabila nada berbunyi, wafel sudah siap. Buka pembuat wafel dengan berhati-hati dan keluarkan wafel bakar.

f) Tutup pembuat wafel dan ulangi dengan baki adunan.

49. Wafel Strawberi-Kek Pendek

Membuat 4 hidangan

bahan-bahan:
- 1 liter strawberi segar, dikupas & dihiris
- 3 Sudu besar gula putih
- Secubit garam serpih
- 1 cawan krim pekat
- 3 Sudu besar gula manisan
- ½ sudu teh ekstrak vanila tulen
- wafel yang disediakan

Arah

a) Dalam mangkuk adunan sederhana, kacau strawberi, gula putih dan secubit garam bersama-sama. Ketepikan untuk memerah sehingga sedia untuk dihidangkan.

b) Dalam mangkuk adunan besar satukan krim kental, gula aising, vanila dan garam.

c) Menggunakan pengadun tangan yang dipasang dengan lampiran pukul, pukul sehingga puncak sederhana lembut dicapai. Rizab.

d) Untuk menghidangkan, taburkan dengan krim putar, kemudian beberapa strawberi yang telah ditumbuk.

e) Siramkan sedikit jus daripada strawberi (dikumpul di bahagian bawah mangkuk adunan) di atas strawberi. Taburkan dengan gula aising jika mahu.

f) Untuk setiap wafel anda hanya memerlukan kira-kira 1/3 cawan krim disebat dan 1/3 cawan strawberi.

PANKEK

50. Lempeng baldu merah

bahan-bahan:

Topping
- ½ cawan kefir biasa
- 2 sudu besar gula halus

Pancake
- 1¾ cawan oat gulung kuno
- 3 sudu besar serbuk koko
- 1½ sudu teh serbuk penaik
- 1 sudu teh baking soda
- ¼ sudu teh garam
- 3 sudu besar sirap maple
- 2 sudu besar minyak kelapa (dicairkan)
- 1½ cawan 2% susu rendah lemak
- 1 biji telur besar
- 1 sudu kecil pewarna makanan merah
- Cukur coklat atau kerepek, untuk dihidangkan

Arah
a) Untuk topping, masukkan kedua-dua Bahan ke dalam mangkuk kecil dan kacau sehingga sebati. Ketepikan.
b) Untuk penkek, tambah semua item ke dalam pengisar berkelajuan tinggi dan

blitz pada tinggi untuk mencairkan. Pastikan semuanya sebati.

c) Biarkan adunan berehat selama 5 hingga 10 minit. Ini membolehkan semua Bahan bergabung dan memberikan adunan konsistensi yang lebih baik.

d) Semburkan kuali atau griddle tidak melekat dengan minyak sayuran dan panaskan dengan api sederhana.

e) Setelah kuali panas, masukkan adunan menggunakan cawan penyukat $\frac{1}{4}$ cawan dan tuangkan adunan ke dalam kuali untuk membuat penkek. Gunakan cawan penyukat untuk membantu membentuk lempeng.

f) Masak sehingga bahagian tepi kelihatan set dan buih terbentuk di tengah (kira-kira 2 hingga 3 minit), kemudian terbalikkan lempeng.

g) Setelah pancake masak di sebelah itu, keluarkan pancake dari api dan letakkan di atas pinggan.

h) Teruskan langkah ini dengan baki adunan.

i) Susun dan hidangkan bersama topping dan cip coklat.

51. Lempeng coklat gelap

bahan-bahan:

Pengisian

- 1 cawan cip coklat gelap
- $\frac{1}{2}$ cawan krim putar berat

Pancake

- $1\frac{3}{4}$ cawan oat gulung kuno
- $1\frac{1}{2}$ sudu teh serbuk penaik
- 1 sudu teh baking soda
- $\frac{1}{2}$ sudu teh kayu manis
- $\frac{1}{4}$ sudu teh garam
- 2 sudu besar minyak kelapa (dicairkan)
- 1 sudu besar sirap maple
- 1 sudu teh ekstrak vanila
- $1\frac{1}{2}$ cawan 2% susu rendah lemak
- 1 biji telur besar
- Gula tepung dan hirisan strawberi, untuk dihidangkan

Arah

Untuk Pengisian

a) Tuangkan cip coklat ke dalam mangkuk dan tuangkan krim ke dalam periuk kecil.
b) Panaskan krim sehingga buih tepi, kemudian tuangkan ke atas coklat.

c) Biarkan coklat selama 2 minit (ini membantu coklat cair), kemudian kacau untuk membentuk ganache yang tebal.
d) Lapik loyang dengan kertas parchment.
e) Minyak bahagian dalam pemotong biskut bulat 2 inci.
f) Tuang 1 sudu teh coklat ke dalam pemotong biskut dan ratakan sehingga membentuk bulatan. Keluarkan pemotong dan teruskan membuat bulatan ganache (sepatutnya menghasilkan kira-kira enam).
g) Letakkan loyang ke dalam peti sejuk dan bekukan ganache selama sekurang-kurangnya 4 jam hingga semalaman.

Untuk Pancake

a) Tambah semua item, kecuali strawberi, ke dalam pengisar berkelajuan tinggi dan blitz pada tinggi untuk mencairkan. Pastikan semuanya sebati.
b) Tuangkan adunan ke dalam mangkuk dan biarkan selama 2 hingga 3 minit. Ini membolehkan adunan menjadi pekat supaya ia boleh memegang coklat apabila anda membalikkan penkek.

c) Semburkan kuali atau griddle tidak melekat dengan minyak sayuran dan panaskan dengan api sederhana.
d) Setelah kuali panas, gunakan cawan penyukat $\frac{1}{4}$ cawan untuk menuang adunan ke dalam kuali.
e) Ratakan adunan ke dalam bentuk bulat perlahan-lahan dengan cawan penyukat.
f) Letakkan 1 bulatan ganache beku (terbalikkan supaya bahagian yang berketul ke bawah) di tengah-tengah adunan dan tekan perlahan-lahan ke dalam adunan. Tuangkan lebih banyak adunan ke atas bulatan ganache sehingga ia ditutup.
g) Masak sehingga adunan kering apabila disentuh (kira-kira 3 hingga 4 minit), kemudian terbalikkan pancake dengan berhati-hati.
h) Teruskan memasak sehingga bahagian lain pancake berwarna perang keemasan.
i) Setelah pancake masak di sebelah itu, keluarkan pancake dari api dan letakkan di atas pinggan.
j) Teruskan dengan baki adunan dan coklat.
k) Hidangkan pancake dengan gula tepung dan strawberi yang dihiris.

52. Pancake terbalik nanas

bahan-bahan:
- 1 (20-auns) tin cincin nanas (dibuang)
- $1\frac{3}{4}$ cawan oat gulung kuno
- $1\frac{1}{2}$ sudu teh serbuk penaik
- 1 sudu teh baking soda
- $\frac{1}{2}$ sudu teh kayu manis
- $\frac{1}{4}$ sudu teh garam
- 2 sudu besar sirap maple
- 2 sudu besar minyak kelapa (dicairkan)
- $1\frac{1}{2}$ cawan 2% susu rendah lemak
- 1 biji telur besar
- gula perang
- Ceri Maraschino (dibuang batang dan dibelah dua), untuk dihidangkan

Arah

a) Letakkan cincin nanas pada dua lapisan tuala kertas untuk mengalirkan cecair yang berlebihan.

b) Masukkan semua item, kecuali nanas, gula perang dan ceri maraschino, ke dalam pengisar berkelajuan tinggi dan blitz pada tinggi untuk mencairkan. Pastikan semuanya sebati.

c) Tuangkan adunan ke dalam mangkuk dan biarkan selama 2 hingga 3 minit. Ini membolehkan adunan menjadi pekat supaya ia boleh memegang cincin nanas apabila anda membalikkan penkek.

d) Semburkan kuali atau griddle tidak melekat dengan minyak sayuran dan panaskan dengan api sederhana.

e) Setelah kuali panas, gunakan cawan penyukat $\frac{1}{4}$ cawan untuk menuang adunan ke dalam kuali. Ratakan adunan ke dalam bentuk bulat dengan cawan penyukat.

f) Letakkan cincin nenas di tengah-tengah adunan dan tekan perlahan-lahan ke dalam adunan. Taburkan sedikit gula perang terus ke atas cincin nanas.

g) Masak sehingga adunan kering apabila disentuh (kira-kira 3 hingga 4 minit), kemudian terbalikkan pancake dengan berhati-hati.

h) Teruskan memasak sehingga nanas elok dan karamel.

i) Setelah pancake masak di sebelah itu, keluarkan pancake dari api dan letakkan di atas pinggan.

j) Hidangkan setiap pancake dengan ceri maraschino yang diletakkan di tengah-tengah nanas.

53. Lemon meringue pancake

bahan-bahan:

Meringue

- 4 putih telur besar
- 3 sudu besar gula

Pancake

- 2 biji telur
- $\frac{1}{2}$ cawan keju kotej
- $\frac{1}{2}$ sudu teh ekstrak vanila
- 1 sudu besar madu
- $\frac{1}{4}$ cawan tepung ejaan
- $\frac{1}{2}$ sudu teh serbuk penaik
- $\frac{1}{4}$ sudu teh baking soda
- 2 sudu teh lemon tanpa gula campuran Jell-O

Arah

Untuk Meringue

a) Masukkan putih telur ke dalam mangkuk adunan dan pukul sehingga soft peak terbentuk. Puncak lembut berlaku apabila anda menarik pemukul daripada adunan dan puncak terbentuk tetapi jatuh dengan cepat.

b) Masukkan gula ke dalam putih telur dan teruskan pukul sehingga stiff peak terbentuk. Puncak kaku berlaku apabila anda menarik pemukul daripada adunan dan puncak membentuk dan mengekalkan bentuknya.

c) Ketepikan meringue.

d) Pukul telur, keju kotej, vanila, dan madu bersama-sama dan ketepikan.

e) Dalam mangkuk lain, pukul bahan kering sehingga sebati.

f) Masukkan Bahan basah ke dalam Bahan kering dan pukul sehingga sebati.

g) Semburkan kuali atau griddle tidak melekat dengan minyak sayuran dan panaskan dengan api sederhana.

h) Setelah kuali panas, masukkan adunan menggunakan cawan penyukat $\frac{1}{4}$ cawan dan tuangkan adunan ke dalam kuali untuk membuat penkek. Gunakan cawan penyukat untuk membantu membentuk lempeng.

i) Masak sehingga bahagian tepi kelihatan set dan buih terbentuk di tengah (kira-kira 2 hingga 3 minit), kemudian terbalikkan lempeng.

j) Setelah pancake masak di sebelah itu, keluarkan pancake dari api dan letakkan di atas pinggan.

k) Teruskan langkah ini dengan baki adunan.

l) Lempeng atas dengan meringue.

m) Untuk membakar meringue, anda boleh menggunakan obor untuk perangkan sedikit bahagian tepinya atau anda boleh meletakkan lempeng atas di bawah ayam pedaging panas selama 2 hingga 3 minit.

54. Lempeng gulung kayu manis

bahan-bahan:

Topping Keju Krim Gajus

- 1 cawan gajus mentah
- ⅓ cawan air
- 2 sudu besar madu
- 1 sudu teh cuka sari apel
- 1 sudu teh jus lemon
- ½ sudu teh ekstrak vanila
- ½ sudu teh garam halal

Isi Kayu Manis

- ½ cawan gula perang
- 4 sudu besar mentega, cair
- 3 sudu teh kayu manis

Pancake

- 1¾ cawan oat gulung kuno
- 1½ sudu teh serbuk penaik
- 1 sudu teh baking soda
- ½ sudu teh kayu manis
- ¼ sudu teh garam
- 2 sudu besar minyak kelapa, cair
- 1 sudu besar sirap maple
- 1 biji telur besar
- 1 sudu teh ekstrak vanila
- 1½ cawan 2% susu rendah lemak

Arah

a) Rendam gajus dalam air semalaman.

b) Toskan gajus, kemudian masukkan ke dalam pengisar bersama-sama bahan-bahan lain.

c) Kisar adunan gajus sehingga berkrim dan tidak berketul.

d) Kikis topping ke dalam bekas bertutup kecil dan ketepikan.

Untuk Isi Kayu Manis

a) Masukkan semua Bahan bersama dan kacau hingga sebati, pastikan anda telah memecahkan sebarang ketulan.

b) Tuangkan adunan ini ke dalam beg sandwic. Anda akan memotong hujung penjuru beg dan menggunakannya sebagai beg picit untuk menyalurkan putaran kayu manis ke penkek.

Untuk Pancake

a) Masukkan semua Bahan ke dalam pengisar. Minyak kelapa cair mungkin mengeras apabila digabungkan dengan Bahan yang lebih sejuk, jadi anda boleh memanaskan sedikit susu untuk membantu mengelakkan perkara ini daripada berlaku jika anda mahu.

b) Blitz semua dalam pengisar sehingga anda mempunyai cecair licin.

c) Tuang adunan pancake ke dalam mangkuk besar.

d) Biarkan adunan berehat selama 5 hingga 10 minit. Ini membolehkan semua Bahan bergabung dan memberikan adunan konsistensi yang lebih baik.

e) Semburkan kuali atau griddle tidak melekat dengan minyak sayuran dan panaskan dengan api sederhana.

f) Setelah kuali panas, masukkan adunan menggunakan cawan penyukat $\frac{1}{4}$ cawan dan tuangkan adunan ke atas kuali untuk membuat penkek. Ratakan adunan ke dalam bentuk bulat perlahan-lahan dengan cawan penyukat.

g) Potong hujung dari beg Isi Cinnamon dan picit pusingan kayu manis ke atas pancake.

h) Masak sehingga bahagian tepi kelihatan set dan buih terbentuk di tengah (kira-kira 2 hingga 3 minit), kemudian terbalikkan lempeng.

i) Setelah pancake masak di sebelah itu, keluarkan pancake dari api dan letakkan di atas pinggan.

j) Hidangkan pancake dengan Topping Keju Krim Gajus.

55. Lempeng kefir

bahan-bahan:
- 1½ cawan tepung dieja
- 1½ sudu teh serbuk penaik
- 1 sudu teh baking soda
- ½ sudu teh garam
- 2 sudu besar minyak kelapa, cair
- 2 biji telur besar, dipukul
- ¼ cawan 2% susu rendah lemak
- 1¼ cawan kefir biasa, dipanaskan sedikit
- ¼ cawan sirap maple
- Beri biru, untuk hidangan (pilihan)

Arah

a) Masukkan tepung, serbuk penaik, soda penaik, dan garam dalam mangkuk besar dan pukul sehingga sebati.

b) Masukkan baki Bahan ke dalam mangkuk lain dan pukul hingga sebati. Minyak kelapa cair mungkin mengeras apabila digabungkan dengan Bahan yang lebih sejuk, jadi anda boleh memanaskan sedikit susu untuk membantu mengelakkan perkara ini daripada berlaku jika anda mahu.

c) Tuangkan Bahan basah ke dalam Bahan kering dan pukul hingga sebati sehingga semua Bahan basah.
d) Biarkan adunan berehat selama 2 hingga 3 minit. Ini membolehkan semua Bahan bergabung dan memberikan adunan konsistensi yang lebih baik.
e) Semburkan kuali atau griddle tidak melekat dengan minyak sayuran dan panaskan dengan api sederhana.
f) Setelah kuali panas, masukkan adunan menggunakan cawan penyukat $\frac{1}{4}$ cawan dan tuangkan adunan ke dalam kuali untuk membuat penkek. Gunakan cawan penyukat untuk membantu membentuk lempeng.
g) Masak sehingga bahagian tepi kelihatan set dan buih terbentuk di tengah (kira-kira 2 hingga 3 minit), kemudian terbalikkan lempeng.
h) Setelah pancake masak di sebelah itu, keluarkan pancake dari api dan letakkan di atas pinggan.
i) Teruskan langkah ini dengan baki adunan. Hidangkan dengan beri biru, jika dikehendaki.

56. Lempeng keju kotej

bahan-bahan:
- $\frac{1}{4}$ cawan tepung ejaan
- $\frac{1}{2}$ sudu teh serbuk penaik
- $\frac{1}{4}$ sudu teh baking soda
- $\frac{1}{8}$ sudu teh kayu manis
- $\frac{1}{8}$ sudu teh garam
- 2 biji telur besar, dipukul
- $\frac{1}{2}$ cawan 2% keju kotej rendah lemak
- 1 sudu besar madu
- $\frac{1}{2}$ sudu teh ekstrak vanila
- Strawberi, untuk hidangan (pilihan)

Arah

a) Masukkan semua bahan kering ke dalam mangkuk dan pukul sehingga sebati.
b) Dalam mangkuk yang berasingan, pukul bahan basah bersama-sama.
c) Masukkan Bahan basah ke dalam Bahan kering dan pukul hingga sebati.
d) Biarkan adunan berehat selama 5 hingga 10 minit. Ini membolehkan semua Bahan bergabung dan memberikan anda konsistensi yang lebih baik untuk adunan.

e) Semburkan kuali atau griddle tidak melekat dengan minyak sayuran dan panaskan dengan api sederhana.
f) Setelah kuali panas, masukkan adunan menggunakan cawan penyukat ¼ cawan dan tuangkan adunan ke dalam kuali untuk membuat penkek. Gunakan cawan penyukat untuk membantu membentuk lempeng.
g) Masak sehingga bahagian tepi kelihatan set dan buih terbentuk di tengah (kira-kira 2 hingga 3 minit), kemudian terbalikkan lempeng.
h) Setelah pancake masak di sebelah itu, keluarkan pancake dari api dan letakkan di atas pinggan.
i) Teruskan langkah ini dengan baki adunan. Hidangkan dengan strawberi, jika mahu.

57. Lempeng oat

bahan-bahan:
- $1\frac{3}{4}$ cawan oat gulung kuno
- $1\frac{1}{2}$ sudu teh serbuk penaik
- 1 sudu teh baking soda
- $\frac{1}{2}$ sudu teh kayu manis
- $\frac{1}{4}$ sudu teh garam
- 2 sudu besar minyak kelapa, cair
- 1 sudu besar sirap maple
- 1 biji telur besar
- 1 sudu teh ekstrak vanila
- $1\frac{1}{2}$ cawan 2% susu rendah lemak
- Strawberi dan beri biru, untuk hidangan (pilihan)

Arah

a) Masukkan semua Bahan ke dalam pengisar. Minyak kelapa cair mungkin mengeras apabila digabungkan dengan Bahan yang lebih sejuk, jadi anda boleh memanaskan sedikit susu untuk membantu mengelakkan perkara ini daripada berlaku jika anda mahu.

b) Blitz semua dalam pengisar sehingga anda mempunyai cecair licin.

c) Tuang adunan pancake ke dalam mangkuk besar.

d) Biarkan adunan berehat selama 5 hingga 10 minit. Ini membolehkan semua Bahan bergabung dan memberikan adunan konsistensi yang lebih baik.

e) Semburkan kuali atau griddle tidak melekat dengan minyak sayuran dan panaskan dengan api sederhana.

f) Setelah kuali panas, masukkan adunan menggunakan cawan penyukat $\frac{1}{4}$ cawan dan tuangkan adunan ke dalam kuali untuk membuat penkek. Gunakan cawan penyukat untuk membantu membentuk lempeng.

g) Masak sehingga bahagian tepi kelihatan set dan buih terbentuk di tengah (kira-kira 2 hingga 3 minit), kemudian terbalikkan lempeng.

h) Setelah pancake masak di sebelah itu, keluarkan pancake dari api dan letakkan di atas pinggan.

i) Teruskan langkah ini dengan baki adunan. Hidangkan dengan beri, jika dikehendaki.

58. 3-Bahan penkek

bahan-bahan:

- 1 pisang masak, tambah lagi untuk dihidangkan
- 2 biji telur besar
- $\frac{1}{2}$ sudu teh serbuk penaik

Arah

a) Masukkan pisang ke dalam mangkuk dan tumbuk sehingga ia bagus dan berkrim-tidak berketul.

b) Pecahkan telur ke dalam mangkuk lain dan pukul sehingga sebati.

c) Masukkan serbuk penaik ke dalam mangkuk pisang dan kemudian tuangkan telur. Pukul untuk menggabungkan semuanya bersama-sama.

d) Semburkan kuali atau griddle tidak melekat dengan minyak sayuran dan panaskan dengan api sederhana.

e) Setelah kuali panas, masukkan 2 sudu besar adunan ke dalam kuali untuk membuat pancake.

f) Masak sehingga bahagian sisi kelihatan ditetapkan (anda tidak akan melihat apa-

apa buih), kemudian berhati-hati flip pancake.

g) Setelah pancake masak di sebelah itu, keluarkan pancake dari api dan letakkan di atas pinggan.

h) Teruskan langkah ini dengan baki adunan. Hidangkan dengan hirisan pisang, jika mahu.

59. Lempeng mentega badam

bahan-bahan:
- 1 biji telur besar
- 1 sudu besar minyak kelapa, cair
- 1 sudu besar sirap maple
- 1 sudu besar mentega badam, ditambah lagi untuk dihidangkan
- 1 sudu kecil serbuk penaik
- $\frac{1}{2}$ sudu teh ekstrak vanila
- $\frac{1}{4}$ sudu teh garam
- $\frac{1}{2}$ cawan 2% susu rendah lemak
- $\frac{3}{4}$ cawan tepung ejaan
- Ceri, untuk hidangan (pilihan)

Arah

a) Dalam mangkuk besar, masukkan telur, minyak kelapa, sirap maple, mentega badam, serbuk penaik, vanila, dan garam, kemudian pukul hingga sebati.

b) Masukkan susu ke dalam adunan dan pukul lagi hingga sebati.

c) Masukkan tepung ke dalam adunan dan pukul hingga sebati Bahan.

d) Biarkan adunan berehat selama 2 hingga 3 minit. Ini membolehkan adunan menjadi pekat supaya semua Bahan bergabung.

e) Semburkan kuali atau griddle tidak melekat dengan minyak sayuran dan panaskan dengan api sederhana.

f) Setelah kuali panas, masukkan adunan menggunakan cawan penyukat ¼ cawan dan tuangkan adunan ke dalam kuali untuk membuat penkek. Gunakan cawan penyukat untuk membantu membentuk lempeng.

g) Masak sehingga bahagian tepi kelihatan set dan buih terbentuk di tengah (kira-kira 2 hingga 3 minit), kemudian terbalikkan lempeng.

h) Setelah pancake masak di sebelah itu, keluarkan pancake dari api dan letakkan di atas pinggan.

i) Teruskan langkah ini dengan baki adunan.

j) Hidangkan penkek dengan mentega badam cair dan ceri, jika dikehendaki. Untuk mencairkan mentega badam, cedok jumlah yang diingini ke dalam hidangan selamat gelombang mikro dan panaskan dengan tinggi dalam selang 30 saat sehingga cair. Kacau antara pemanasan.

60. Lempeng tiramisu

bahan-bahan:

- 1¾ cawan oat gulung kuno
- 1½ sudu besar campuran puding Jell-O vanila tanpa gula
- 2 sudu teh espresso segera
- 1½ sudu teh serbuk koko
- 1½ sudu teh serbuk penaik
- 1 sudu teh baking soda
- ½ sudu teh kayu manis
- ¼ sudu teh garam
- 2 sudu besar minyak kelapa, cair
- 1 sudu besar sirap maple
- 1 biji telur besar
- 1 sudu teh ekstrak vanila
- 1 cawan 2% susu rendah lemak
- Krim putar, untuk dihidangkan
- Cukur coklat, untuk dihidangkan

Arah

a) Masukkan semua Bahan, kecuali krim putar dan serutan coklat, ke dalam pengisar. Minyak kelapa cair mungkin mengeras apabila digabungkan dengan Bahan yang lebih sejuk, jadi anda boleh memanaskan sedikit susu untuk membantu mengelakkan perkara ini daripada berlaku jika anda mahu.

b) Blitz semua dalam pengisar sehingga anda mempunyai cecair licin.

c) Tuang adunan pancake ke dalam mangkuk besar.

d) Biarkan adunan berehat selama 2 hingga 3 minit. Ini membolehkan semua Bahan bergabung dan memberikan adunan konsistensi yang lebih baik.

e) Semburkan kuali atau griddle tidak melekat dengan minyak sayuran dan panaskan dengan api sederhana.

f) Setelah kuali panas, masukkan adunan menggunakan cawan penyukat $\frac{1}{4}$ cawan dan tuangkan adunan ke dalam kuali untuk membuat penkek. Gunakan cawan penyukat untuk membantu membentuk lempeng.

g) Masak sehingga bahagian tepi kelihatan set dan buih terbentuk di tengah (kira-kira 2 hingga 3 minit), kemudian terbalikkan lempeng.

h) Setelah pancake masak di sebelah itu, keluarkan pancake dari api dan letakkan di atas pinggan.

i) Teruskan langkah ini dengan baki adunan.

j) Teratas dengan krim putar dan serpihan coklat.

61. Lemon blueberry pancake

bahan-bahan:
- $1\frac{1}{2}$ cawan tepung dieja
- $1\frac{1}{2}$ sudu teh serbuk penaik
- 1 sudu teh baking soda
- $\frac{1}{2}$ sudu teh garam
- Perahan dari 1 lemon
- 2 sudu besar minyak kelapa, cair
- 2 biji telur besar, dipukul
- $\frac{1}{4}$ cawan 2% susu rendah lemak
- $\frac{1}{4}$ cawan sirap maple, ditambah lagi untuk dihidangkan
- $1\frac{1}{4}$ cawan kefir biasa (dipanaskan sedikit)
- $\frac{1}{2}$ cawan beri biru

Arah

a) Masukkan tepung, serbuk penaik, soda penaik, dan garam ke dalam mangkuk besar dan pukul sehingga sebati.

b) Masukkan minyak kelapa, telur, susu, sirap maple, kulit limau, dan kefir ke dalam mangkuk dan pukul hingga sebati. Minyak kelapa cair mungkin mengeras apabila digabungkan dengan Bahan yang lebih sejuk, jadi anda boleh memanaskan sedikit kefir untuk membantu mengelakkan perkara ini daripada berlaku jika anda mahu.

c) Tuangkan Bahan basah ke dalam Bahan kering dan pukul hingga sebati sehingga semua Bahan basah.

d) Biarkan adunan berehat selama 2 hingga 3 minit. Ini membolehkan semua Bahan bergabung dan memberikan adunan konsistensi yang lebih baik.

e) Semburkan kuali atau griddle tidak melekat dengan minyak sayuran dan panaskan dengan api sederhana.

f) Setelah kuali panas, masukkan adunan menggunakan cawan penyukat $\frac{1}{4}$ cawan dan tuangkan adunan ke dalam kuali untuk membuat penkek. Gunakan cawan penyukat untuk membantu membentuk lempeng.

g) Letakkan 3 hingga 5 beri biru pada setiap pancake. Simpan beri ke arah tengah supaya lebih mudah untuk membalikkan pancake.

h) Masak sehingga bahagian tepi kelihatan set dan buih terbentuk di tengah (kira-kira 2 hingga 3 minit), kemudian terbalikkan lempeng.

i) Setelah pancake masak di sebelah itu, keluarkan pancake dari api dan letakkan di atas pinggan.

j) Teruskan langkah ini dengan baki adunan. Hidangkan bersama sirap maple.

62. Lempeng quinoa

bahan-bahan:
- 1 cawan (sebarang warna) quinoa yang dimasak
- ¾ cawan tepung quinoa
- 2 sudu teh serbuk penaik
- ½ sudu teh garam
- 1 sudu besar mentega cair
- ¼ cawan yogurt Yunani
- 2 sudu besar 2% susu rendah lemak
- 2 biji telur besar, dipukul
- 2 sudu besar sirap maple
- 1 sudu teh ekstrak vanila
- Awet buah, untuk dihidangkan (pilihan)

Arah

a) Dalam mangkuk besar, masukkan quinoa, tepung, serbuk penaik, dan garam bersama-sama dan pukul hingga sebati.

b) Dalam mangkuk lain, pukul mentega, yogurt, susu, telur, sirap maple dan vanila. Pukul semua sehingga sebati.

c) Masukkan Bahan basah ke dalam Bahan kering dan pukul sehingga sebati.

d) Biarkan adunan berehat selama 2 hingga 3 minit. Ini membolehkan semua Bahan

bergabung dan memberikan adunan konsistensi yang lebih baik.

e) Semburkan kuali atau griddle tidak melekat dengan minyak sayuran dan panaskan dengan api sederhana.

f) Setelah kuali panas, masukkan adunan menggunakan cawan penyukat $\frac{1}{4}$ cawan dan tuangkan adunan ke dalam kuali untuk membuat penkek. Gunakan cawan penyukat untuk membantu membentuk lempeng.

g) Masak sehingga bahagian tepi kelihatan set dan buih terbentuk di tengah (kira-kira 2 hingga 3 minit), kemudian terbalikkan lempeng.

h) Setelah pancake masak di sebelah itu, keluarkan pancake dari api dan letakkan di atas pinggan.

i) Teruskan langkah ini dengan baki adunan. Hidangkan dengan awet buah, jika mahu.

63. Lempeng oatmeal yogurt Yunani

bahan-bahan:
- $1\frac{3}{4}$ cawan oat gulung kuno
- $1\frac{1}{2}$ sudu teh serbuk penaik
- 1 sudu teh baking soda
- $\frac{1}{2}$ sudu teh kayu manis
- $\frac{1}{4}$ sudu teh garam
- 1 biji telur besar
- 2 sudu besar minyak kelapa, cair
- 1 sudu besar sirap maple, ditambah lagi untuk dihidangkan
- 1 sudu teh ekstrak vanila
- 1 cawan yogurt Yunani biasa
- $\frac{1}{4}$ cawan 2% susu rendah lemak

Arah

a) Masukkan semua Bahan ke dalam pengisar. Minyak kelapa cair mungkin mengeras apabila digabungkan dengan Bahan yang lebih sejuk, jadi anda boleh memanaskan sedikit susu untuk membantu mengelakkan perkara ini daripada berlaku jika anda mahu.

b) Blitz semua dalam pengisar sehingga anda mempunyai cecair licin.

c) Tuang adunan pancake ke dalam mangkuk besar.

d) Biarkan adunan berehat selama 5 hingga 10 minit. Ini membolehkan semua Bahan bergabung dan memberikan adunan konsistensi yang lebih baik.

e) Semburkan kuali atau griddle tidak melekat dengan minyak sayuran dan panaskan dengan api sederhana.

f) Setelah kuali panas, masukkan adunan menggunakan cawan penyukat $\frac{1}{4}$ cawan dan tuangkan adunan ke dalam kuali untuk membuat penkek. Gunakan cawan penyukat untuk membantu membentuk lempeng.

g) Masak sehingga bahagian tepi kelihatan set dan buih terbentuk di tengah (kira-kira 2 minit), kemudian terbalikkan pancake.

h) Setelah pancake masak di sebelah itu, keluarkan pancake dari api dan letakkan di atas pinggan.

i) Teruskan langkah ini dengan baki adunan. Hidangkan bersama sirap maple.

64. Lempeng roti halia

bahan-bahan:

Topping

- ¼ cawan yogurt Yunani biasa
- 1 sudu besar sirap maple

Pancake

- 1 cawan tepung ejaan
- 1 sudu teh baking soda
- 1 sudu teh halia kisar
- 1 sudu kecil lada sulah
- 1 sudu teh kayu manis
- ¼ sudu teh bunga cengkih kisar
- ¼ sudu teh garam
- 1 biji telur besar
- ½ cawan 2% susu rendah lemak
- 3 sudu besar sirap maple
- 1 sudu teh ekstrak vanila

Arah

a) Campurkan yogurt Greek dan sirap maple bersama sehingga sebati dan ketepikan.

b) Dalam mangkuk besar, masukkan tepung yang dieja, soda penaik, halia, lada sulah, kayu manis, cengkih, dan garam bersama-sama dan pukul hingga sebati.

c) Dalam mangkuk lain, pukul telur, susu, sirap maple, dan vanila bersama sehingga sebati.

d) Masukkan Bahan basah ke dalam Bahan kering dan pukul sehingga sebati.

e) Biarkan adunan berehat selama 2 hingga 3 minit. Ini membolehkan semua Bahan bergabung dan memberikan adunan konsistensi yang lebih baik.

f) Semburkan kuali atau griddle tidak melekat dengan minyak sayuran dan panaskan dengan api sederhana.

g) Setelah kuali panas, masukkan adunan menggunakan cawan penyukat $\frac{1}{4}$ cawan dan tuangkan adunan ke dalam kuali untuk membuat penkek.

h) Masak sehingga bahagian tepi kelihatan set dan buih terbentuk di tengah.

i) Setelah pancake masak di sebelah itu, keluarkan pancake dari api dan letakkan di atas pinggan.

j) Teruskan langkah ini dengan baki adunan. Hidangkan dengan topping yogurt.

65. Lempeng yogurt Yunani

bahan-bahan:

- 1 cawan tepung ejaan
- $\frac{1}{2}$ sudu teh serbuk penaik
- $\frac{1}{2}$ sudu teh baking soda
- $\frac{3}{4}$ cawan yogurt Yunani biasa
- $\frac{1}{2}$ cawan + 2 sudu besar 2% susu rendah lemak
- 1 biji telur besar
- 2 sudu besar sirap maple

Arah

a) Masukkan tepung, serbuk penaik, dan baking soda ke dalam mangkuk dan pukul sehingga sebati.

b) Dalam mangkuk lain, pukul yogurt, susu, telur, dan sirap maple bersama sehingga sebati.

c) Masukkan Bahan basah ke dalam Bahan kering dan pukul sehingga sebati.

d) Biarkan adunan berehat selama 2 hingga 3 minit. Ini membolehkan semua Bahan bergabung dan memberikan adunan konsistensi yang lebih baik.

e) Semburkan kuali atau griddle tidak melekat dengan minyak sayuran dan panaskan dengan api sederhana.

f) Setelah kuali panas, masukkan adunan menggunakan cawan penyukat $\frac{1}{4}$ cawan dan tuangkan adunan ke dalam kuali untuk membuat penkek. Gunakan cawan penyukat untuk membantu membentuk lempeng.

g) Masak sehingga bahagian tepi kelihatan set dan buih terbentuk di tengah (kira-kira 2 hingga 3 minit), kemudian terbalikkan lempeng.

h) Setelah pancake masak di sebelah itu, keluarkan pancake dari api dan letakkan di atas pinggan.

i) Teruskan langkah ini dengan baki adunan.

66. Lempeng biskut kismis oat

bahan-bahan:

Topping
- ½ cawan gula tepung
- 1 sudu besar 2% susu rendah lemak

Pancake
- 1¾ cawan oat gulung kuno
- 2 sudu besar gula merah
- 1½ sudu teh serbuk penaik
- 1 sudu teh baking soda
- ½ sudu teh kayu manis
- ¼ sudu teh garam
- 2 sudu besar minyak kelapa, cair
- 1 sudu teh ekstrak vanila
- 1 cawan 2% susu rendah lemak
- ⅓ cawan kismis emas yang dicincang

Arah

Untuk Topping

a) Dalam mangkuk kecil, campurkan gula tepung dan susu bersama sehingga sebati. Ketepikan.

b) Untuk Pancake

c) Masukkan semua Bahan, kecuali kismis, ke dalam pengisar. Minyak kelapa cair mungkin mengeras apabila digabungkan dengan Bahan yang lebih sejuk, jadi anda boleh memanaskan sedikit susu untuk membantu mengelakkan perkara ini daripada berlaku jika anda mahu.

d) Blitz semua dalam pengisar sehingga anda mempunyai cecair licin.

e) Tuang adunan pancake ke dalam mangkuk besar.

f) Masukkan kismis yang telah dicincang.

g) Biarkan adunan berehat selama 5 hingga 10 minit. Ini membolehkan semua Bahan bergabung dan memberikan adunan konsistensi yang lebih baik.

h) Semburkan kuali atau griddle tidak melekat dengan minyak sayuran dan panaskan dengan api sederhana.

i) Setelah kuali panas, masukkan adunan menggunakan cawan penyukat $\frac{1}{4}$ cawan dan tuangkan adunan ke dalam kuali untuk membuat penkek. Gunakan cawan penyukat untuk membantu membentuk lempeng.

j) Masak sehingga bahagian tepi kelihatan set dan buih terbentuk di tengah (kira-kira 2 hingga 3 minit), kemudian terbalikkan lempeng.

k) Setelah pancake masak di sebelah itu, keluarkan pancake dari api dan letakkan di atas pinggan.

l) Teruskan langkah ini dengan baki adunan.

m) Teratas dengan topping gula.

67. Mentega kacang dan penkek jeli

bahan-bahan:
- $1\frac{1}{2}$ cawan tepung dieja
- $\frac{3}{4}$ cawan tepung mentega kacang
- $1\frac{1}{2}$ sudu teh serbuk penaik
- 1 sudu teh baking soda
- $\frac{1}{2}$ sudu teh garam
- 2 biji telur besar, dipukul
- 1 sudu besar mentega, cair
- $1\frac{1}{2}$ cawan 2% susu rendah lemak
- Jeli anggur Concord, untuk hidangan

Arah

a) Masukkan tepung, mentega kacang tepung, serbuk penaik, soda penaik, dan garam ke dalam mangkuk dan pukul sehingga sebati.

b) Dalam mangkuk lain, pukul telur, mentega dan susu bersama sehingga sebati.

c) Masukkan Bahan basah ke dalam Bahan kering dan pukul sehingga sebati.

d) Biarkan adunan berehat selama 2 hingga 3 minit. Ini membolehkan semua Bahan bergabung dan memberikan adunan konsistensi yang lebih baik.

e) Semburkan kuali atau griddle tidak melekat dengan minyak sayuran dan panaskan dengan api sederhana.

f) Setelah kuali panas, masukkan adunan menggunakan cawan penyukat $\frac{1}{4}$ cawan dan tuangkan adunan ke dalam kuali untuk membuat penkek. Gunakan cawan penyukat untuk membantu membentuk lempeng.

g) Masak sehingga bahagian tepi kelihatan set dan buih terbentuk di tengah (kira-kira 2 hingga 3 minit), kemudian terbalikkan lempeng.

h) Setelah pancake masak di sebelah itu, keluarkan pancake dari api dan letakkan di atas pinggan.

i) Teruskan langkah ini dengan baki adunan. Teratas dengan jeli anggur.

68. Lempeng bacon

bahan-bahan:

- 8 keping bacon potong tengah
- $1\frac{1}{2}$ cawan tepung dieja
- $1\frac{1}{2}$ sudu teh serbuk penaik
- 1 sudu teh baking soda
- $\frac{1}{2}$ sudu teh garam
- 2 biji telur besar, dipukul
- 1 sudu besar mentega, cair
- 1 sudu teh ekstrak vanila
- $1\frac{1}{4}$ cawan 2% susu rendah lemak
- $\frac{1}{4}$ cawan sirap maple

Arah

a) Panaskan ketuhar hingga 350°F.

b) Susun bacon, dalam satu lapisan, pada lembaran pembakar berbingkai yang dialas dengan kertas minyak. Ini menjadikan pembersihan lebih mudah.

c) Luncurkan bacon ke dalam ketuhar dan masak selama 30 minit, atau sehingga bacon siap.

d) Keluarkan bacon dari ketuhar dan letakkan bacon di atas pinggan beralaskan tuala kertas untuk menyejukkan.

e) Dalam mangkuk besar, masukkan tepung, serbuk penaik, soda penaik, dan garam. Pukul untuk menggabungkan Bahan.

f) Dalam mangkuk lain, masukkan telur, mentega, vanila, susu, dan sirap maple dan pukul untuk menggabungkan Bahan.

g) Masukkan Bahan basah ke Bahan kering dan pukul hingga sebati semuanya.

h) Biarkan adunan berehat selama 2 hingga 3 minit. Ini membolehkan semua Bahan bergabung dan memberikan adunan konsistensi yang lebih baik.

i) Semburkan kuali atau griddle tidak melekat dengan minyak sayuran dan panaskan dengan api sederhana.

j) Setelah kuali panas, letakkan jalur bacon ke atas kuali. Tuangkan $\frac{1}{4}$ cawan adunan di atas bacon. Sapukan adunan secara merata ke atas bacon, serta bahagian tepi bacon.

k) Masak sehingga bahagian tepi kelihatan set, kemudian balikkan pancake untuk masak. Anda mungkin perasan bahawa penkek ini masak sedikit lebih cepat di bahagian bacon.

l) Setelah pancake masak di sebelah itu, keluarkan pancake dari api dan letakkan di atas pinggan.

m) Teruskan langkah ini dengan baki adunan.

69. Lempeng badam raspberi

bahan-bahan:
- 1½ cawan raspberi beku, dicairkan
- 2 sudu besar madu
- 1½ cawan tepung badam
- 1 sudu kecil serbuk penaik
- ¼ sudu teh garam
- ¼ sudu teh kayu manis
- 2 biji telur besar, dipukul
- ¼ cawan 2% susu rendah lemak
- 1 sudu besar sirap maple
- 1 sudu teh ekstrak vanila

Arah

a) Campurkan raspberi dengan madu. Semasa mencampurkan buah, hancurkan juga untuk mengeluarkan lebih banyak cecair.

b) Tuangkan Topping Raspberry ke dalam beg sandwic, tutup, dan ketepikan.

c) Untuk Pancake

d) Masukkan tepung, serbuk penaik, garam dan kayu manis ke dalam mangkuk dan pukul hingga sebati.

e) Dalam mangkuk yang berasingan, pukul bahan-bahan yang tinggal bersama-sama.

f) Masukkan Bahan basah ke dalam Bahan kering dan pukul hingga sebati.

g) Biarkan adunan berehat selama 5 hingga 10 minit. Ini membolehkan semua Bahan bergabung dan memberikan adunan konsistensi yang lebih baik.

h) Sembur kuali atau griddle tidak melekat dengan minyak sayuran dan panaskan dengan api sederhana tinggi.

i) Setelah kuali panas, masukkan adunan menggunakan cawan penyukat $\frac{1}{4}$ cawan dan tuangkan adunan ke dalam kuali untuk membuat penkek. Ratakan adunan ke dalam bentuk bulat perlahan-lahan dengan cawan penyukat.

j) Potong satu sudut beg yang mengandungi Topping Raspberry dan gerimis sebahagiannya di atas penkek. Gunakan pencungkil gigi untuk menyeret raspberi melalui dasar pancake.

k) Masak sehingga bahagian tepi kelihatan set dan buih terbentuk di tengah (kira-kira 2 hingga 3 minit), kemudian terbalikkan lempeng.

l) Setelah pancake masak di sebelah itu, keluarkan pancake dari api dan letakkan di atas pinggan.

m) Teruskan langkah ini dengan baki adunan.

n) Teratas dengan baki topping raspberry.

70. Pancake kacang, pisang & coklat

bahan-bahan:
- 1 cawan tepung ejaan
- $\frac{1}{4}$ cawan tepung mentega kacang
- $\frac{1}{2}$ sudu teh serbuk penaik
- $\frac{1}{2}$ sudu teh baking soda
- $\frac{3}{4}$ cawan yogurt Yunani biasa
- 1 pisang sederhana masak, tumbuk, tambah lagi untuk dihidangkan (pilihan)
- $\frac{1}{4}$ cawan + 2 sudu besar 2% susu rendah lemak
- 1 biji telur besar
- 2 sudu besar sirap maple
- $\frac{1}{2}$ cawan cip coklat, ditambah lagi untuk dihidangkan (pilihan)
- Mentega kacang, untuk hidangan (pilihan)

Arah

a) Masukkan tepung, mentega kacang tepung, serbuk penaik, dan baking soda ke dalam mangkuk dan pukul untuk menggabungkan.

b) Dalam mangkuk lain, pukul yogurt, pisang lecek, susu, telur, dan sirap maple sehingga sebati.

c) Masukkan Bahan basah ke dalam Bahan kering dan pukul sehingga sebati.

d) Masukkan coklat chip.

e) Biarkan adunan berehat selama 2 hingga 3 minit. Ini membolehkan semua Bahan bergabung dan memberikan adunan konsistensi yang lebih baik.

f) Semburkan kuali atau griddle tidak melekat dengan minyak sayuran dan panaskan dengan api sederhana.

g) Setelah kuali panas, masukkan adunan menggunakan cawan penyukat $\frac{1}{4}$ cawan dan tuangkan adunan ke dalam kuali untuk membuat penkek. Gunakan cawan penyukat untuk membantu membentuk lempeng.

h) Masak sehingga bahagian tepi kelihatan set dan buih terbentuk di tengah (kira-kira 2 hingga 3 minit), kemudian terbalikkan lempeng.

i) Setelah pancake masak di sebelah itu, keluarkan pancake dari api dan letakkan di atas pinggan.

j) Teruskan langkah ini dengan baki adunan.

71. Lempeng kelapa vanila

bahan-bahan:

Topping Kelapa Vanila
- 1 cawan santan penuh lemak dalam tin
- ¼ cawan sirap maple
- 1½ sudu teh ekstrak vanila
- Garam secubit kecil

Pancake
- 1½ cawan tepung dieja
- ¼ cawan kelapa parut tanpa gula, dibakar (tambah lagi untuk dihidangkan)
- 1½ sudu teh serbuk penaik
- 1 sudu teh baking soda
- ½ sudu teh garam
- 2 biji telur besar, dipukul
- 2 sudu besar minyak kelapa, cair
- 1 sudu besar ekstrak vanila
- ¼ cawan sirap maple
- ¼ cawan santan penuh lemak dalam tin
- 1¼ cawan kefir biasa

Arah

a) Masukkan semua Bahan ke dalam periuk kecil dan panaskan dengan api sederhana.

b) Pukul sekali-sekala dan masak sehingga adunan mula pekat (anggaran 7 minit).

c) Keluarkan dari api untuk biarkan ia sejuk sedikit.

d) Untuk Pancake

e) Dalam mangkuk besar, masukkan tepung, kelapa, serbuk penaik, soda penaik, dan garam. Pukul untuk menggabungkan Bahan.

f) Dalam mangkuk lain, masukkan telur, minyak kelapa, vanila, sirap maple, santan dan kefir dan pukul untuk menggabungkan Bahan. Minyak kelapa cair mungkin mengeras apabila digabungkan dengan Bahan yang lebih sejuk, jadi anda boleh memanaskan sedikit kefir untuk membantu mengelakkan perkara ini daripada berlaku jika anda mahu.

g) Masukkan Bahan basah ke Bahan kering dan pukul hingga sebati semuanya.

h) Biarkan adunan berehat selama 2 hingga 3 minit. Ini membolehkan semua Bahan

bergabung dan memberikan adunan konsistensi yang lebih baik.

i) Semburkan kuali atau griddle tidak melekat dengan minyak sayuran dan panaskan dengan api sederhana.

j) Setelah kuali panas, masukkan adunan menggunakan cawan penyukat ¼ cawan dan tuangkan adunan ke dalam kuali untuk membuat penkek. Gunakan cawan penyukat untuk membantu membentuk lempeng.

k) Masak sehingga bahagian tepi kelihatan set dan buih terbentuk di tengah (kira-kira 2 hingga 3 minit), kemudian terbalikkan lempeng.

l) Setelah pancake masak di sebelah itu, keluarkan pancake dari api dan letakkan di atas pinggan.

m) Teruskan langkah ini dengan baki adunan.

n) Sendukkan Topping Kelapa Vanila ke atas penkek dan taburkan dengan kelapa bakar sebelum dihidangkan.

72. Lempeng badam kelapa coklat

bahan-bahan:

- 1½ cawan tepung badam
- ½ cawan kelapa parut, tanpa gula, dibakar
- 1 sudu kecil serbuk penaik
- 1 sudu teh baking soda
- ¼ sudu teh garam
- 2 biji telur besar, dipukul
- ½ cawan santan penuh lemak dalam tin
- 1 sudu besar sirap maple, ditambah lagi untuk dihidangkan
- 1 sudu teh ekstrak vanila
- ½ cawan cip coklat
- Kelapa panggang, badam panggang dan coklat yang dicukur, untuk dihidangkan

Arah

a) Masukkan tepung, kelapa parut, serbuk penaik, soda penaik, dan garam ke dalam mangkuk dan pukul hingga sebati.

b) Dalam mangkuk yang berasingan, pukul telur, santan, sirap maple, dan vanila bersama-sama.

c) Masukkan Bahan basah ke dalam Bahan kering dan pukul hingga sebati.

d) Masukkan coklat chip.

e) Biarkan adunan berehat selama 5 hingga 10 minit. Ini membolehkan semua Bahan bergabung dan memberikan adunan konsistensi yang lebih baik.

f) Semburkan kuali atau griddle tidak melekat dengan minyak sayuran dan panaskan dengan api sederhana.

g) Setelah kuali panas, masukkan adunan menggunakan cawan penyukat $\frac{1}{4}$ cawan dan tuangkan adunan ke dalam kuali untuk membuat penkek. Gunakan cawan penyukat untuk membantu membentuk lempeng.

h) Masak sehingga bahagian tepi kelihatan set dan buih terbentuk di tengah (kira-

kira 2 hingga 3 minit), kemudian terbalikkan lempeng.

i) Setelah pancake masak di sebelah itu, keluarkan pancake dari api dan letakkan di atas pinggan.

j) Teruskan langkah ini dengan baki adunan.

k) Hiaskan dengan kelapa panggang, badam panggang, coklat cincang dan sedikit lagi sirap maple, jika anda mahu.

73. Lempeng kek strawberi

bahan-bahan:
- 1¾ cawan oat gulung kuno
- 1½ sudu teh serbuk penaik
- 1 sudu teh baking soda
- ½ sudu teh kayu manis
- ¼ sudu teh garam
- 2 sudu besar minyak kelapa, cair
- 1 sudu besar sirap maple
- 1 biji telur besar
- 1 sudu teh ekstrak vanila
- 1½ cawan 2% susu rendah lemak
- 1 cawan strawberi yang dihiris nipis
- Krim putar dan strawberi, untuk dihidangkan

Arah

a) Masukkan semua Bahan, kecuali strawberi, ke dalam pengisar. Minyak kelapa cair mungkin mengeras apabila digabungkan dengan Bahan yang lebih sejuk, jadi anda boleh memanaskan sedikit susu untuk membantu mengelakkan perkara ini daripada berlaku jika anda mahu.

b) Blitz semua dalam pengisar sehingga anda mempunyai cecair licin.

c) Tuang adunan pancake ke dalam mangkuk besar.

d) Biarkan adunan berehat selama 5 hingga 10 minit. Ini membolehkan semua Bahan bergabung dan memberikan adunan konsistensi yang lebih baik.

e) Semburkan kuali atau griddle tidak melekat dengan minyak sayuran dan panaskan dengan api sederhana.

f) Setelah kuali panas, masukkan adunan menggunakan cawan penyukat $\frac{1}{4}$ cawan dan tuangkan adunan ke dalam kuali untuk membuat penkek. Gunakan cawan penyukat untuk membantu membentuk lempeng. Letakkan strawberi yang dihiris dalam satu lapisan dalam adunan.

g) Masak sehingga bahagian tepi kelihatan set dan buih terbentuk di tengah (kira-kira 2 minit), kemudian terbalikkan pancake. Anda mungkin perlu membiarkan ini masak lebih lama pada bahagian pertama supaya ia tidak hancur apabila anda membalikkannya. Strawberi adalah berat dan boleh menyebabkan penkek ini pecah jika ia tidak diletakkan sepenuhnya pada bahagian pertama.

h) Setelah pancake masak di sebelah itu, keluarkan pancake dari api dan letakkan di atas pinggan.

i) Teruskan langkah ini dengan baki adunan.

j) Untuk menghidangkan, lapiskan penkek dengan krim putar dan atas dengan strawberi.

74. Lempeng cawan mentega kacang

bahan-bahan:
- $1\frac{3}{4}$ cawan oat gulung kuno
- $\frac{1}{4}$ cawan tepung mentega kacang
- $1\frac{1}{2}$ sudu teh serbuk penaik
- 1 sudu teh baking soda
- $\frac{1}{2}$ sudu teh kayu manis
- $\frac{1}{4}$ sudu teh garam
- 2 sudu besar minyak kelapa, cair
- 1 sudu besar sirap maple
- 1 biji telur besar
- 1 sudu teh ekstrak vanila
- $1\frac{1}{2}$ cawan 2% susu rendah lemak
- $\frac{1}{2}$ cawan cip coklat

Arah

a) Masukkan semua Bahan, kecuali cip coklat, ke dalam pengisar. Minyak kelapa cair mungkin mengeras apabila digabungkan dengan Bahan yang lebih sejuk, jadi anda boleh memanaskan sedikit susu untuk membantu mengelakkan perkara ini daripada berlaku jika anda mahu.

b) Blitz semua dalam pengisar sehingga anda mempunyai cecair licin.

c) Tuangkan adunan pancake ke dalam mangkuk besar.

d) Masukkan coklat chip.

e) Biarkan adunan berehat selama 5 hingga 10 minit. Ini membolehkan semua Bahan bergabung dan memberikan adunan konsistensi yang lebih baik.

f) Semburkan kuali atau griddle tidak melekat dengan minyak sayuran dan panaskan dengan api sederhana.

g) Setelah kuali panas, masukkan adunan menggunakan cawan penyukat $\frac{1}{4}$ cawan dan tuangkan adunan ke dalam kuali untuk membuat penkek. Gunakan cawan penyukat untuk membantu membentuk lempeng.

h) Masak sehingga bahagian tepi kelihatan set dan buih terbentuk di tengah (kira-kira 2 hingga 3 minit), kemudian terbalikkan lempeng.

i) Setelah pancake masak di sebelah itu, keluarkan pancake dari api dan letakkan di atas pinggan.

j) Teruskan langkah ini dengan baki adunan.

75. Lempeng coklat Mexico

bahan-bahan:
- 1 cawan tepung ejaan
- $\frac{1}{4}$ cawan koko tanpa gula
- 1 sudu teh kayu manis
- $\frac{1}{2}$ sudu teh serbuk penaik
- $\frac{1}{2}$ sudu teh baking soda
- $\frac{3}{4}$ cawan yogurt Yunani biasa
- $\frac{1}{4}$ cawan + 2 sudu besar 2% susu rendah lemak
- 1 biji telur besar
- 2 sudu besar sirap maple

Arah

a) Masukkan tepung, koko, kayu manis, serbuk penaik, dan baking soda ke dalam mangkuk dan pukul sehingga sebati.

b) Dalam mangkuk lain, pukul yogurt, susu, telur, dan sirap maple bersama sehingga sebati.

c) Masukkan Bahan basah ke dalam Bahan kering dan pukul sehingga sebati.

d) Biarkan adunan berehat selama 2 hingga 3 minit. Ini membolehkan semua Bahan bergabung dan memberikan adunan konsistensi yang lebih baik.

e) Semburkan kuali atau griddle tidak melekat dengan minyak sayuran dan panaskan dengan api sederhana.

f) Setelah kuali panas, masukkan adunan menggunakan cawan penyukat ¼ cawan dan tuangkan adunan ke dalam kuali untuk membuat penkek. Gunakan cawan penyukat untuk membantu membentuk lempeng.

g) Masak sehingga bahagian tepi kelihatan set dan buih terbentuk di tengah (kira-kira 2 hingga 3 minit), kemudian terbalikkan lempeng.

h) Setelah pancake masak di sebelah itu, keluarkan pancake dari api dan letakkan di atas pinggan.

i) Teruskan langkah ini dengan baki adunan.

76. Pancake kejutan hari jadi

bahan-bahan:

- 1 cawan tepung ejaan
- 2 sudu besar campuran puding vanila tanpa gula
- $\frac{1}{2}$ sudu teh serbuk penaik
- $\frac{1}{2}$ sudu teh baking soda
- $\frac{3}{4}$ cawan yogurt Yunani biasa
- $\frac{1}{2}$ cawan + 2 sudu besar 2% susu rendah lemak
- 1 biji telur besar
- 2 sudu besar sirap maple
- $\frac{1}{4}$ cawan taburan pelangi, ditambah lagi untuk topping (pilihan)

Arah

a) Masukkan tepung, puding, serbuk penaik, dan baking soda ke dalam mangkuk dan pukul sehingga sebati.

b) Dalam mangkuk lain, pukul yogurt, susu, telur, dan sirap maple bersama sehingga sebati.

c) Masukkan Bahan basah ke dalam Bahan kering dan pukul sehingga sebati.

d) Biarkan adunan berehat selama 2 hingga 3 minit. Ini membolehkan semua Bahan

bergabung dan memberikan adunan konsistensi yang lebih baik.

e) Selepas adunan berehat, kacau dalam taburan.

f) Semburkan kuali atau griddle tidak melekat dengan minyak sayuran dan panaskan dengan api sederhana.

g) Setelah kuali panas, masukkan adunan menggunakan cawan penyukat $\frac{1}{4}$ cawan dan tuangkan adunan ke dalam kuali untuk membuat penkek. Gunakan cawan penyukat untuk membantu membentuk lempeng.

h) Masak sehingga bahagian tepi kelihatan set dan buih terbentuk di tengah (kira-kira 2 hingga 3 minit), kemudian terbalikkan lempeng.

i) Setelah pancake masak di sebelah itu, keluarkan pancake dari api dan letakkan di atas pinggan.

j) Teruskan langkah ini dengan baki adunan.

77. Lempeng raksasa hijau

bahan-bahan:
- 1½ cawan tepung dieja
- 2 sudu besar serbuk rami
- 1 sudu besar serbuk spirulina
- 1½ sudu teh serbuk penaik
- 1 sudu teh baking soda
- ½ sudu teh garam
- 2 sudu besar minyak kelapa, cair
- 1½ sudu besar madu
- 1 sudu besar ekstrak vanila
- 2 biji telur besar, dipukul
- ¼ cawan santan penuh lemak dalam tin
- 1¼ cawan kefir biasa (dipanaskan sedikit)

Arah

a) Masukkan tepung yang dieja, serbuk rami, serbuk spirulina, serbuk penaik, soda penaik, dan garam ke dalam mangkuk dan pukul sehingga sebati.

b) Dalam mangkuk lain, pukul minyak kelapa, madu, vanila, telur, santan dan kefir bersama sehingga ia sebati. Minyak kelapa cair mungkin mengeras apabila digabungkan dengan Bahan yang lebih sejuk, jadi anda boleh memanaskan sedikit kefir untuk membantu mengelakkan perkara ini daripada berlaku jika anda mahu.

c) Masukkan Bahan basah ke dalam Bahan kering dan pukul bersama sehingga sebati.

d) Biarkan adunan berehat selama 2 hingga 3 minit. Ini membolehkan semua Bahan bergabung dan memberikan adunan konsistensi yang lebih baik.

e) Semburkan kuali atau griddle tidak melekat dengan minyak sayuran dan panaskan dengan api sederhana.

f) Setelah kuali panas, masukkan adunan menggunakan cawan penyukat $\frac{1}{4}$ cawan dan tuangkan adunan ke dalam kuali untuk membuat penkek. Gunakan cawan penyukat untuk membantu membentuk lempeng.

g) Masak sehingga bahagian tepi kelihatan set dan buih terbentuk di tengah (kira-kira 2 hingga 3 minit), kemudian terbalikkan lempeng.

h) Setelah pancake masak di sebelah itu, keluarkan pancake dari api dan letakkan di atas pinggan.

i) Teruskan langkah ini dengan baki adunan.

78. Pancake matcha vanila

bahan-bahan:
- 1¾ cawan oat gulung kuno
- 2 sudu besar serbuk matcha tanpa gula
- 2 sudu besar campuran puding vanila tanpa gula
- 1½ sudu teh serbuk penaik
- 1 sudu teh baking soda
- ¼ sudu teh garam
- 2 sudu besar minyak kelapa, cair
- 1 sudu besar sirap maple
- 1 biji telur besar
- 1 sudu teh ekstrak vanila
- 1½ cawan 2% susu rendah lemak

Arah

a) Masukkan semua Bahan ke dalam pengisar. Minyak kelapa cair mungkin mengeras apabila digabungkan dengan Bahan yang lebih sejuk, jadi anda boleh memanaskan sedikit susu untuk membantu mengelakkan perkara ini daripada berlaku jika anda mahu.

b) Blitz semua dalam pengisar sehingga anda mempunyai cecair licin.

c) Tuang adunan pancake ke dalam mangkuk besar.

d) Biarkan adunan berehat selama 5 hingga 10 minit. Ini membolehkan semua Bahan bergabung dan memberikan adunan konsistensi yang lebih baik.

e) Semburkan kuali atau griddle tidak melekat dengan minyak sayuran dan panaskan dengan api sederhana.

f) Setelah kuali panas, masukkan adunan menggunakan cawan penyukat $\frac{1}{4}$ cawan dan tuangkan adunan ke dalam kuali untuk membuat penkek. Gunakan cawan penyukat untuk membantu membentuk lempeng.

g) Masak sehingga bahagian tepi kelihatan set dan buih terbentuk di tengah (kira-kira 2 hingga 3 minit), kemudian terbalikkan lempeng.

h) Setelah pancake masak di sebelah itu, keluarkan pancake dari api dan letakkan di atas pinggan.

i) Teruskan langkah ini dengan baki adunan.

79. Lempeng piña colada

bahan-bahan:

- 1 cawan tepung ejaan
- $\frac{1}{2}$ sudu teh serbuk penaik
- $\frac{1}{2}$ sudu teh baking soda
- $\frac{3}{4}$ cawan yogurt Yunani biasa
- $\frac{1}{2}$ cawan + 2 sudu besar santan penuh lemak dalam tin
- 1 biji telur besar
- 2 sudu besar sirap maple
- 1 sudu teh ekstrak vanila
- $\frac{1}{2}$ cawan nenas didadu halus

Arah

a) Masukkan tepung, serbuk penaik, dan baking soda ke dalam mangkuk dan pukul sehingga sebati.

b) Dalam mangkuk lain, pukul yogurt, santan, telur, sirap maple, dan vanila bersama sehingga sebati.

c) Masukkan Bahan basah ke dalam Bahan kering dan pukul bersama sehingga sebati.

d) Setelah semuanya sebati, masukkan nenas.

e) Biarkan adunan berehat selama 2 hingga 3 minit. Ini membolehkan semua Bahan bergabung dan memberikan adunan konsistensi yang lebih baik.

f) Semburkan kuali atau griddle tidak melekat dengan minyak sayuran dan panaskan dengan api sederhana.

g) Setelah kuali panas, masukkan adunan menggunakan cawan penyukat $\frac{1}{4}$ cawan dan tuangkan adunan ke dalam kuali untuk membuat penkek. Gunakan cawan penyukat untuk membantu membentuk lempeng.

h) Masak sehingga bahagian tepi kelihatan set dan buih terbentuk di tengah (kira-kira 2 hingga 3 minit), kemudian terbalikkan lempeng.

i) Setelah pancake masak di sebelah itu, keluarkan pancake dari api dan letakkan di atas pinggan.

j) Teruskan langkah ini dengan baki adunan.

80. Lempeng badam ceri

bahan-bahan:
- $1\frac{1}{2}$ cawan tepung badam
- 1 sudu teh serbuk penaik
- 1 sudu teh baking soda
- $\frac{1}{4}$ sudu teh garam
- 2 biji telur besar, dipukul
- 1 sudu besar sirap maple
- 1 sudu teh ekstrak vanila
- $\frac{1}{2}$ cawan santan penuh lemak dalam tin
- $\frac{1}{2}$ cawan ceri manis yang dihiris halus
- $\frac{1}{4}$ cawan hirisan badam

Arah

a) Masukkan tepung, serbuk penaik, soda penaik, dan garam ke dalam mangkuk dan pukul sehingga sebati.

b) Dalam mangkuk yang berasingan, pukul telur, sirap maple, vanila, dan santan bersama-sama.

c) Masukkan Bahan basah ke dalam Bahan kering dan pukul hingga sebati.

d) Sekarang pukul ceri dan badam dan gaul sehingga semuanya sebati.

e) Biarkan adunan berehat selama 5 hingga 10 minit. Ini membolehkan semua Bahan

bergabung dan memberikan adunan konsistensi yang lebih baik.

f) Sembur kuali atau griddle tidak melekat dengan minyak sayuran dan panaskan dengan api sederhana tinggi.

g) Setelah kuali panas, masukkan adunan menggunakan cawan penyukat $\frac{1}{4}$ cawan dan tuangkan adunan ke dalam kuali untuk membuat penkek. Gunakan cawan penyukat untuk membantu membentuk lempeng.

h) Masak sehingga bahagian tepi kelihatan set dan buih terbentuk di tengah (kira-kira 2 hingga 3 minit), kemudian terbalikkan lempeng.

i) Setelah pancake masak di sebelah itu, keluarkan pancake dari api dan letakkan di atas pinggan.

j) Teruskan langkah ini dengan baki adunan.

81. Lempeng limau utama

bahan-bahan:
- 2 biji telur
- $\frac{1}{2}$ cawan keju kotej
- $\frac{1}{2}$ sudu teh ekstrak vanila
- 1 sudu besar madu
- Perahan dari 1 biji limau purut
- $\frac{1}{4}$ cawan tepung ejaan
- $\frac{1}{2}$ sudu teh serbuk penaik
- $\frac{1}{4}$ sudu teh baking soda
- 2 sudu teh campuran Jell-O limau tanpa gula

Arah
a) Pukul telur, keju kotej, vanila, madu, dan kulit limau bersama-sama dan ketepikan.
b) Dalam mangkuk lain, pukul bahan yang tinggal sehingga sebati.
c) Masukkan Bahan basah ke dalam Bahan kering dan pukul sehingga sebati.
d) Semburkan kuali atau griddle tidak melekat dengan minyak sayuran dan panaskan dengan api sederhana.
e) Setelah kuali panas, masukkan adunan menggunakan cawan penyukat $\frac{1}{4}$ cawan dan tuangkan adunan ke dalam kuali untuk

membuat penkek. Gunakan cawan penyukat untuk membantu membentuk lempeng.

f) Masak sehingga bahagian tepi kelihatan set dan buih terbentuk di tengah (kira-kira 2 hingga 3 minit), kemudian terbalikkan lempeng.

g) Setelah pancake masak di sebelah itu, keluarkan pancake dari api dan letakkan di atas pinggan.

h) Teruskan langkah ini dengan baki adunan.

82. Lempeng rempah labu

bahan-bahan:

- $1\frac{1}{2}$ cawan oat gulung kuno
- $1\frac{1}{2}$ sudu teh serbuk penaik
- $\frac{1}{2}$ sudu teh baking soda
- $\frac{1}{2}$ sudu teh kayu manis
- $\frac{1}{2}$ sudu teh lada sulah
- $\frac{1}{2}$ sudu teh halia kisar
- $\frac{1}{4}$ sudu teh garam
- $\frac{1}{2}$ cawan labu dalam tin
- 2 sudu besar minyak kelapa, cair
- 2 sudu besar sirap maple
- 1 biji telur besar
- 1 sudu teh ekstrak vanila
- 1 cawan 2% susu rendah lemak

Arah

a) Masukkan semua Bahan ke dalam pengisar. Minyak kelapa cair mungkin mengeras apabila digabungkan dengan Bahan yang lebih sejuk, jadi anda boleh memanaskan sedikit susu untuk membantu mengelakkan perkara ini daripada berlaku jika anda mahu.

b) Blitz semua dalam pengisar sehingga anda mempunyai cecair licin.

c) Tuang adunan pancake ke dalam mangkuk besar.

d) Biarkan adunan berehat selama 5 hingga 10 minit. Ini membolehkan semua Bahan bergabung dan memberikan adunan konsistensi yang lebih baik.

e) Semburkan kuali atau griddle tidak melekat dengan minyak sayuran dan panaskan dengan api sederhana.

f) Setelah kuali panas, masukkan adunan menggunakan cawan penyukat $\frac{1}{4}$ cawan dan tuangkan adunan ke dalam kuali untuk membuat penkek. Gunakan cawan penyukat untuk membantu membentuk lempeng.

g) Masak sehingga bahagian tepi kelihatan set dan buih terbentuk di tengah (kira-kira 2 hingga 3 minit), kemudian terbalikkan lempeng.

h) Setelah pancake masak di sebelah itu, keluarkan pancake dari api dan letakkan di atas pinggan.

i) Teruskan langkah ini dengan baki adunan.

83. Lempeng pisang coklat

bahan-bahan:

- 1 pisang masak, tambah lagi untuk dihidangkan
- 2 biji telur besar
- $\frac{1}{2}$ sudu teh serbuk penaik
- 2 sudu besar serbuk koko tanpa gula
- Sirap maple, untuk dihidangkan

Arah

a) Masukkan pisang ke dalam mangkuk dan tumbuk sehingga ia bagus dan berkrim- tidak berketul.

b) Pecahkan telur ke dalam mangkuk lain dan pukul sehingga sebati.

c) Masukkan serbuk penaik dan serbuk koko ke dalam mangkuk pisang dan kemudian tuangkan telur. Pukul untuk menggabungkan semuanya bersama-sama.

d) Semburkan kuali atau griddle tidak melekat dengan minyak sayuran dan panaskan dengan api sederhana.

e) Setelah kuali panas, masukkan 2 sudu besar adunan ke dalam kuali untuk membuat pancake.

f) Masak sehingga bahagian sisi kelihatan ditetapkan (anda tidak akan melihat apa-apa buih), kemudian berhati-hati flip pancake.

g) Setelah pancake masak di sebelah itu, keluarkan pancake dari api dan letakkan di atas pinggan.

h) Teruskan langkah ini dengan baki adunan. Hidangkan dengan hirisan pisang dan sirap maple, jika mahu.

84. Lempeng badam vanila

bahan-bahan:
- 1 cawan tepung ejaan
- 2 sudu besar campuran puding vanila tanpa gula
- ½ sudu teh serbuk penaik
- ½ sudu teh baking soda
- ¾ cawan yogurt Yunani biasa
- ½ cawan + 2 sudu besar 2% susu rendah lemak
- 1 biji telur besar
- 2 sudu besar sirap maple
- ¼ cawan hirisan badam

Arah
a) Masukkan tepung, adunan puding, serbuk penaik, dan baking soda ke dalam mangkuk dan pukul sehingga sebati.
b) Dalam mangkuk lain, pukul yogurt, susu, telur, dan sirap maple bersama sehingga sebati.
c) Masukkan Bahan basah ke dalam Bahan kering dan pukul sehingga sebati.
d) Kacau badam lepas.
e) Biarkan adunan berehat selama 2 hingga 3 minit. Ini membolehkan semua Bahan

bergabung dan memberikan adunan konsistensi yang lebih baik.

f) Semburkan kuali atau griddle tidak melekat dengan minyak sayuran dan panaskan dengan api sederhana.

g) Setelah kuali panas, masukkan adunan menggunakan cawan penyukat $\frac{1}{4}$ cawan dan tuangkan adunan ke dalam kuali untuk membuat penkek. Gunakan cawan penyukat untuk membantu membentuk lempeng.

h) Masak sehingga bahagian tepi kelihatan set dan buih terbentuk di tengah (kira-kira 2 hingga 3 minit), kemudian terbalikkan lempeng.

i) Setelah pancake masak di sebelah itu, keluarkan pancake dari api dan letakkan di atas pinggan.

j) Teruskan langkah ini dengan baki adunan.

85. Lempeng monyet funky

bahan-bahan:
- $1\frac{1}{2}$ cawan tepung badam
- 1 sudu kecil serbuk penaik
- 1 sudu teh baking soda
- $\frac{1}{4}$ sudu teh garam
- 1 pisang sederhana masak, tumbuk, tambah lagi untuk dihidangkan
- 2 biji telur besar, dipukul
- $\frac{1}{2}$ cawan santan
- 1 sudu besar sirap maple
- 1 sudu teh ekstrak vanila
- $\frac{1}{2}$ cawan walnut cincang
- $\frac{1}{2}$ cawan cip coklat gelap, ditambah lagi untuk dihidangkan

Arah

a) Masukkan tepung, serbuk penaik, soda penaik, dan garam ke dalam mangkuk dan pukul sehingga sebati.

b) Dalam mangkuk yang berasingan, pukul pisang lecek, telur, santan, sirap maple dan vanila bersama-sama.

c) Masukkan Bahan basah ke dalam Bahan kering dan pukul hingga sebati.

d) Sekarang pukul dalam walnut dan cip coklat dan gaul sehingga semuanya sebati.

e) Biarkan adunan berehat selama 5 hingga 10 minit. Ini membolehkan semua Bahan bergabung dan memberikan adunan konsistensi yang lebih baik.

f) Sembur kuali atau griddle tidak melekat dengan minyak sayuran dan panaskan dengan api sederhana tinggi.

g) Setelah kuali panas, masukkan adunan menggunakan cawan penyukat $\frac{1}{4}$ cawan dan tuangkan adunan ke dalam kuali untuk membuat penkek. Gunakan cawan penyukat untuk membantu membentuk lempeng.

h) Masak sehingga bahagian tepi kelihatan set dan buih terbentuk di tengah, kemudian terbalikkan pancake.

i) Setelah pancake masak di sebelah itu, keluarkan pancake dari api dan letakkan di atas pinggan.

j) Hidangkan bersama hirisan pisang dan cip coklat.

86. Pancake vanila

bahan-bahan:
- 1½ cawan tepung dieja
- 2 sudu besar campuran puding vanila tanpa gula
- 1½ sudu teh serbuk penaik
- 1 sudu teh baking soda
- ½ sudu teh garam
- 2 biji telur besar, dipukul
- 2 sudu besar minyak kelapa, cair
- 1 sudu besar ekstrak vanila
- ¼ cawan sirap maple, ditambah lagi untuk dihidangkan
- 1¼ cawan kefir biasa

Arah

a) Masukkan tepung yang dieja, campuran puding, serbuk penaik, soda penaik, dan garam ke dalam mangkuk dan pukul untuk menggabungkan.

b) Dalam mangkuk lain, pukul telur, minyak kelapa, vanila, sirap maple, dan kefir bersama sehingga ia sebati. Minyak kelapa cair mungkin mengeras apabila digabungkan dengan Bahan yang lebih sejuk, jadi anda boleh memanaskan sedikit kefir untuk membantu mengelakkan perkara ini daripada berlaku jika anda mahu.

c) Masukkan Bahan basah ke dalam Bahan kering dan pukul sehingga sebati.

d) Biarkan adunan berehat selama 2 hingga 3 minit. Ini membolehkan semua Bahan bergabung dan memberikan adunan konsistensi yang lebih baik.

e) Semburkan kuali atau griddle tidak melekat dengan minyak sayuran dan panaskan dengan api sederhana.

f) Setelah kuali panas, masukkan adunan menggunakan cawan penyukat $\frac{1}{4}$ cawan dan tuangkan adunan ke dalam kuali untuk membuat penkek. Gunakan cawan penyukat untuk membantu membentuk lempeng.

g) Masak sehingga bahagian tepi kelihatan set dan buih terbentuk di tengah (kira-kira 2 hingga 3 minit), kemudian terbalikkan lempeng.

h) Setelah pancake masak di sebelah itu, keluarkan pancake dari api dan letakkan di atas pinggan.

87. Lempeng mangga blueberry

bahan-bahan:
- 1 cawan tepung ejaan
- $\frac{1}{2}$ sudu teh serbuk penaik
- $\frac{1}{2}$ sudu teh baking soda
- $\frac{3}{4}$ cawan yogurt Yunani biasa
- $\frac{1}{4}$ cawan + 2 sudu besar 2% susu rendah lemak
- 1 biji telur besar
- 2 sudu besar sirap maple
- $\frac{1}{2}$ cawan mangga tulen
- $\frac{1}{2}$ cawan beri biru

Arah

a) Masukkan tepung, serbuk penaik, dan baking soda ke dalam mangkuk dan pukul sehingga sebati.

b) Dalam mangkuk lain, pukul yogurt, susu, telur, sirap maple, dan mangga tulen bersama sehingga digabungkan.

c) Masukkan Bahan basah ke dalam Bahan kering dan pukul sehingga sebati.

d) Berhati-hati kacau dalam beri biru.

e) Biarkan adunan berehat selama 2 hingga 3 minit. Ini membolehkan semua Bahan

bergabung dan memberikan adunan konsistensi yang lebih baik.

f) Semburkan kuali atau griddle tidak melekat dengan minyak sayuran dan panaskan dengan api sederhana.

g) Setelah kuali panas, masukkan adunan menggunakan cawan penyukat $\frac{1}{4}$ cawan dan tuangkan adunan ke dalam kuali untuk membuat penkek. Gunakan cawan penyukat untuk membantu membentuk lempeng.

h) Masak sehingga bahagian tepi kelihatan set dan buih terbentuk di tengah (kira-kira 2 hingga 3 minit), kemudian terbalikkan lempeng.

i) Setelah pancake masak di sebelah itu, keluarkan pancake dari api dan letakkan di atas pinggan.

j) Teruskan langkah ini dengan baki adunan.

88. Lempeng Mocha

bahan-bahan:
- 1½ cawan tepung dieja
- ¼ cawan koko tanpa gula
- 3 sudu teh serbuk espresso segera
- 1½ sudu teh serbuk penaik
- 1 sudu teh baking soda
- ½ sudu teh garam
- 2 sudu besar minyak kelapa, cair
- 1 sudu teh ekstrak vanila
- 2 biji telur besar, dipukul
- 1¼ cawan kefir biasa

Arah

a) Masukkan tepung yang dieja, koko, serbuk espreso, serbuk penaik, soda penaik, dan garam ke dalam mangkuk dan pukul sehingga sebati.

b) Dalam mangkuk lain, pukul minyak kelapa, vanila, telur, dan kefir bersama sehingga ia sebati. Minyak kelapa cair mungkin mengeras apabila digabungkan dengan Bahan yang lebih sejuk, jadi anda boleh memanaskan sedikit kefir untuk membantu mengelakkan perkara ini daripada berlaku jika anda mahu.

c) Masukkan Bahan basah ke dalam Bahan kering dan pukul sehingga sebati.

d) Biarkan adunan berehat selama 2 hingga 3 minit. Ini membolehkan semua Bahan bergabung dan memberikan adunan konsistensi yang lebih baik.

e) Semburkan kuali atau griddle tidak melekat dengan minyak sayuran dan panaskan dengan api sederhana.

f) Setelah kuali panas, masukkan adunan menggunakan cawan penyukat $\frac{1}{4}$ cawan dan tuangkan adunan ke dalam kuali untuk membuat penkek. Gunakan cawan penyukat untuk membantu membentuk lempeng.

g) Masak sehingga bahagian tepi kelihatan set dan buih terbentuk di tengah (kira-kira 2 hingga 3 minit), kemudian terbalikkan lempeng.

h) Setelah pancake masak di sebelah itu, keluarkan pancake dari api dan letakkan di atas pinggan.

89. Lempeng Chai

bahan-bahan:
- $1\frac{1}{2}$ cawan tepung quinoa
- $1\frac{1}{2}$ sudu teh serbuk penaik
- 1 sudu teh baking soda
- 1 sudu teh kayu manis
- $\frac{3}{4}$ sudu teh buah pelaga kisar
- Secubit bunga cengkih yang dikisar
- $\frac{1}{2}$ sudu teh halia kisar
- $\frac{1}{2}$ sudu teh lada sulah
- $\frac{1}{2}$ sudu teh garam
- 2 biji telur besar, dipukul
- 2 sudu besar minyak kelapa, cair
- $1\frac{1}{4}$ cawan kefir biasa
- $\frac{1}{4}$ cawan sirap maple
- 1 sudu teh ekstrak vanila

Arah

a) Dalam mangkuk besar, masukkan tepung, serbuk penaik, soda penaik, kayu manis, buah pelaga, bunga cengkih, halia, lada sulah, dan garam bersama-sama dan pukul hingga sebati.

b) Dalam mangkuk lain, pukul telur, minyak kelapa, kefir, sirap maple, dan vanila bersama sehingga digabungkan. Minyak kelapa cair mungkin mengeras apabila digabungkan dengan Bahan yang lebih sejuk, jadi anda boleh memanaskan sedikit kefir untuk membantu mengelakkan perkara ini daripada berlaku jika anda mahu.

c) Masukkan Bahan basah ke dalam Bahan kering dan pukul sehingga sebati.

d) Biarkan adunan berehat selama 2 hingga 3 minit. Ini membolehkan semua Bahan bergabung dan memberikan adunan konsistensi yang lebih baik.

e) Semburkan kuali atau griddle tidak melekat dengan minyak sayuran dan panaskan dengan api sederhana.

f) Setelah kuali panas, masukkan adunan menggunakan cawan penyukat $\frac{1}{4}$ cawan dan tuangkan adunan ke dalam kuali untuk membuat penkek. Gunakan cawan penyukat untuk membantu membentuk lempeng.

g) Masak sehingga bahagian tepi kelihatan set dan buih terbentuk di tengah (kira-kira 2 hingga 3 minit), kemudian terbalikkan lempeng.

h) Setelah pancake masak di sebelah itu, keluarkan pancake dari api dan letakkan di atas pinggan.

90. Lempeng kek lobak merah

bahan-bahan:

- 1½ cawan oat gulung kuno
- 1½ sudu teh serbuk penaik
- 1 sudu teh baking soda
- ½ sudu teh kayu manis
- ¼ sudu teh garam
- Sebiji buah pala
- 1 biji telur besar
- 2 sudu besar minyak kelapa, cair
- 1 sudu besar sirap maple
- 1 sudu teh ekstrak vanila
- 1¼ cawan 2% susu rendah lemak
- 1½ cawan lobak merah parut halus
- ½ cawan kismis emas yang dicincang
- ½ cawan walnut cincang

Arah

a) Masukkan semua Bahan, kecuali lobak merah, kismis, dan walnut, ke dalam pengisar. Minyak kelapa cair mungkin mengeras apabila digabungkan dengan Bahan yang lebih sejuk, jadi anda boleh memanaskan sedikit susu untuk membantu mengelakkan perkara ini daripada berlaku jika anda mahu.

b) Blitz semua dalam pengisar sehingga anda mempunyai cecair licin.

c) Tuang adunan pancake ke dalam mangkuk besar.

d) Masukkan lobak merah, kismis, dan walnut ke dalam adunan dan kacau hingga sebati.

e) Biarkan adunan berehat selama 5 hingga 10 minit. Ini membolehkan semua Bahan bergabung dan memberikan adunan konsistensi yang lebih baik.

f) Semburkan kuali atau griddle tidak melekat dengan minyak sayuran dan panaskan dengan api sederhana.

g) Setelah kuali panas, masukkan adunan menggunakan cawan penyukat $\frac{1}{4}$ cawan dan tuangkan adunan ke dalam kuali untuk membuat penkek. Gunakan cawan penyukat untuk membantu membentuk lempeng.

h) Masak sehingga bahagian tepi kelihatan set dan buih terbentuk di tengah, kemudian terbalikkan pancake.

i) Setelah pancake masak di sebelah itu, keluarkan pancake dari api dan letakkan di atas pinggan.

91. Lempeng pisang madu

bahan-bahan:
- 1 pisang masak, tambah lagi untuk dihidangkan
- 2 biji telur besar
- 1 sudu besar madu
- $\frac{1}{2}$ sudu teh serbuk penaik
- Sirap maple, untuk hidangan

Arah

a) Masukkan pisang ke dalam mangkuk dan tumbuk sehingga ia bagus dan berkrim- tidak berketul.

b) Pecahkan telur ke dalam mangkuk lain dan pukul sehingga sebati.

c) Masukkan madu dan serbuk penaik ke dalam mangkuk pisang dan kemudian tuangkan telur. Pukul untuk menggabungkan semuanya bersama-sama.

d) Semburkan kuali atau griddle tidak melekat dengan minyak sayuran dan panaskan dengan api sederhana.

e) Setelah kuali panas, masukkan 2 sudu besar adunan ke dalam kuali untuk membuat pancake.

f) Masak sehingga bahagian sisi kelihatan ditetapkan (anda tidak akan melihat apa-apa buih), kemudian berhati-hati flip pancake.

g) Setelah pancake masak di sebelah itu, keluarkan pancake dari api dan letakkan di atas pinggan.

h) Teruskan langkah ini dengan baki adunan.

i) Teratas dengan pisang dan sirap maple.

92. Lempeng blueberry pisang

bahan-bahan:

- 1 cawan tepung ejaan
- ½ sudu teh serbuk penaik
- ½ sudu teh baking soda
- 1 pisang sederhana masak, tumbuk
- ¾ cawan yogurt Yunani biasa
- ¼ cawan + 2 sudu besar 2% susu rendah lemak
- 1 biji telur besar
- 2 sudu besar sirap maple
- ½ cawan beri biru

Arah

a) Masukkan tepung, serbuk penaik, dan baking soda ke dalam mangkuk dan pukul sehingga sebati.

b) Dalam mangkuk lain, pukul pisang lecek, yogurt, susu, telur, dan sirap maple sehingga sebati.

c) Masukkan Bahan basah ke dalam Bahan kering dan pukul sehingga sebati.

d) Berhati-hati kacau dalam beri biru.

e) Biarkan adunan berehat selama 2 hingga 3 minit. Ini membolehkan semua Bahan

bergabung dan memberikan adunan konsistensi yang lebih baik.

f) Semburkan kuali atau griddle tidak melekat dengan minyak sayuran dan panaskan dengan api sederhana.

g) Setelah kuali panas, masukkan adunan menggunakan cawan penyukat $\frac{1}{4}$ cawan dan tuangkan adunan ke dalam kuali untuk membuat penkek. Gunakan cawan penyukat untuk membantu membentuk lempeng.

h) Masak sehingga bahagian tepi kelihatan set dan buih terbentuk di tengah (kira-kira 2 hingga 3 minit), kemudian terbalikkan lempeng.

i) Setelah pancake masak di sebelah itu, keluarkan pancake dari api dan letakkan di atas pinggan.

j) Teruskan langkah ini dengan baki adunan.

93. Lempeng kayu manis epal

bahan-bahan:

- $1\frac{3}{4}$ cawan oat gulung kuno
- $1\frac{1}{2}$ sudu teh serbuk penaik
- 1 sudu teh baking soda
- $\frac{1}{4}$ sudu teh kayu manis
- $\frac{1}{4}$ sudu teh garam
- 1 cawan sos epal
- 2 sudu besar minyak kelapa, cair
- 1 sudu besar sirap maple
- 1 biji telur besar
- 1 sudu teh ekstrak vanila
- $\frac{1}{2}$ cawan 2% susu rendah lemak

Arah

a) Masukkan semua Bahan ke dalam pengisar. Minyak kelapa cair mungkin mengeras apabila digabungkan dengan Bahan yang lebih sejuk, jadi anda boleh memanaskan sedikit susu untuk membantu mengelakkan perkara ini daripada berlaku jika anda mahu.

b) Blitz semua dalam pengisar sehingga anda mempunyai cecair licin.

c) Tuangkan adunan pancake ke dalam mangkuk besar.

d) Biarkan adunan berehat selama 5 hingga 10 minit. Ini membolehkan semua Bahan bergabung dan memberikan adunan konsistensi yang lebih baik.

e) Semburkan kuali atau griddle tidak melekat dengan minyak sayuran dan panaskan dengan api sederhana.

f) Setelah kuali panas, masukkan adunan menggunakan cawan penyukat $\frac{1}{4}$ cawan dan tuangkan adunan ke dalam kuali untuk membuat penkek. Gunakan cawan penyukat untuk membantu membentuk lempeng.

g), Masak sehingga bahagian tepi kelihatan set dan buih terbentuk di tengah (kira-kira 2 hingga 3 minit), kemudian terbalikkan lempeng.

h) Setelah pancake masak di sebelah itu, keluarkan pancake dari api dan letakkan di atas pinggan.

i) Teruskan langkah ini dengan baki adunan.

94. Lempeng kek keju strawberi

bahan-bahan:

- 1 cawan tepung ejaan
- 2 sudu besar campuran puding vanila tanpa gula
- $\frac{1}{2}$ sudu teh serbuk penaik
- $\frac{1}{2}$ sudu teh baking soda
- $\frac{3}{4}$ cawan yogurt Yunani biasa
- $\frac{1}{2}$ cawan + 2 sudu besar 2% susu rendah lemak
- 1 biji telur besar
- 2 sudu besar sirap maple
- 1 cawan strawberi yang dihiris nipis

Arah

a) Masukkan tepung, adunan puding, serbuk penaik, dan baking soda ke dalam mangkuk dan pukul sehingga sebati.

b) Dalam mangkuk lain, pukul yogurt, susu, telur, dan sirap maple sehingga sebati.

c) Masukkan Bahan basah ke dalam Bahan kering dan pukul sehingga sebati.

d) Kacau strawberi dengan teliti.

e) Biarkan adunan berehat selama 2 hingga 3 minit. Ini membolehkan semua Bahan

bergabung dan memberikan adunan konsistensi yang lebih baik.

f) Semburkan kuali atau griddle tidak melekat dengan minyak sayuran dan panaskan dengan api sederhana.

g) Setelah kuali panas, masukkan adunan menggunakan cawan penyukat ¼ cawan dan tuangkan adunan ke dalam kuali untuk membuat penkek. Gunakan cawan penyukat untuk membantu membentuk lempeng.

h) Masak sehingga bahagian tepi kelihatan set dan buih terbentuk di tengah (kira-kira 2 hingga 3 minit), kemudian terbalikkan lempeng.

i) Setelah pancake masak di sebelah itu, keluarkan pancake dari api dan letakkan di atas pinggan.

j) Teruskan langkah ini dengan baki adunan.

95. Lempeng blueberry

bahan-bahan:
- $1\frac{3}{4}$ cawan oat gulung kuno
- $1\frac{1}{2}$ sudu teh serbuk penaik
- 1 sudu teh baking soda
- $\frac{1}{2}$ sudu teh kayu manis
- $\frac{1}{4}$ sudu teh garam
- 1 biji telur besar
- 2 sudu besar minyak kelapa, cair
- 1 sudu besar sirap maple
- 1 sudu teh ekstrak vanila
- $1\frac{1}{4}$ cawan 2% susu rendah lemak
- $\frac{1}{2}$ cawan beri biru

Arah

a) Masukkan semua Bahan, kecuali blueberry, ke dalam pengisar. Minyak kelapa cair mungkin mengeras apabila digabungkan dengan Bahan yang lebih sejuk, jadi anda boleh memanaskan sedikit susu untuk membantu mengelakkan perkara ini daripada berlaku jika anda mahu.

b) Blitz semua dalam pengisar sehingga anda mempunyai cecair licin.

c) Tuang adunan pancake ke dalam mangkuk besar.
d) Berhati-hati kacau dalam beri biru.
e) Biarkan adunan berehat selama 5 hingga 10 minit. Ini membolehkan semua Bahan bergabung dan memberikan adunan konsistensi yang lebih baik.
f) Semburkan kuali atau griddle tidak melekat dengan minyak sayuran dan panaskan dengan api sederhana.
g) Setelah kuali panas, masukkan adunan menggunakan cawan penyukat $\frac{1}{4}$ cawan dan tuangkan adunan ke dalam kuali untuk membuat penkek. Gunakan cawan penyukat untuk membantu membentuk lempeng.
h) Masak sehingga bahagian tepi kelihatan set dan buih terbentuk di tengah (kira-kira 2 hingga 3 minit), kemudian terbalikkan lempeng.
i) Setelah pancake masak di sebelah itu, keluarkan pancake dari api dan letakkan di atas pinggan.
j) Teruskan langkah ini dengan baki adunan.

96. Lempeng pisang strawberi

bahan-bahan:
- 1 cawan tepung ejaan
- ½ sudu teh serbuk penaik
- ½ sudu teh baking soda
- ¾ cawan yogurt Yunani biasa
- 1 pisang sederhana masak, tumbuk
- ½ cawan + 2 sudu besar 2% susu rendah lemak
- 1 biji telur besar
- 2 sudu besar sirap maple
- ¾ cawan hirisan strawberi

Arah

a) Masukkan tepung, serbuk penaik, dan baking soda ke dalam mangkuk dan pukul sehingga sebati.

b) Dalam mangkuk lain, pukul yogurt, pisang lecek, susu, telur, dan sirap maple sehingga sebati.

c) Masukkan Bahan basah ke dalam Bahan kering dan pukul sehingga sebati.

d) Kacau strawberi dengan teliti.

e) Biarkan adunan berehat selama 2 hingga 3 minit. Ini membolehkan semua Bahan

bergabung dan memberikan adunan konsistensi yang lebih baik.

f) Semburkan kuali atau griddle tidak melekat dengan minyak sayuran dan panaskan dengan api sederhana.

g) Setelah kuali panas, masukkan adunan menggunakan cawan penyukat ¼ cawan dan tuangkan adunan ke dalam kuali untuk membuat penkek. Gunakan cawan penyukat untuk membantu membentuk lempeng.

h) Masak sehingga bahagian tepi kelihatan set dan buih terbentuk di tengah (kira-kira 2 hingga 3 minit), kemudian terbalikkan lempeng.

i) Setelah pancake masak di sebelah itu, keluarkan pancake dari api dan letakkan di atas pinggan.

j) Teruskan langkah ini dengan baki adunan.

97. Buah pic dan penkek krim

bahan-bahan:
- $1\frac{3}{4}$ cawan oat gulung kuno
- 2 sudu besar campuran puding vanila tanpa gula
- $1\frac{1}{2}$ sudu teh serbuk penaik
- 1 sudu teh baking soda
- $\frac{1}{2}$ sudu teh kayu manis
- $\frac{1}{4}$ sudu teh garam
- 1 sudu besar mentega, cair
- 1 biji telur besar
- $\frac{1}{4}$ cawan 2% susu rendah lemak
- 1 sudu teh ekstrak vanila
- 2 cawan pic yang dikupas dan dihiris (jika menggunakan pic beku, cairkan dahulu)

Arah

a) Masukkan semua Bahan ke dalam pengisar.

b) Blitz semua dalam pengisar sehingga anda mempunyai cecair licin.

c) Tuangkan adunan pancake ke dalam mangkuk besar.

d) Biarkan adunan berehat selama 5 hingga 10 minit. Ini membolehkan semua Bahan

bergabung dan memberikan adunan konsistensi yang lebih baik.

e) Sembur kuali atau griddle tidak melekat dengan minyak sayuran dan panaskan dengan api sederhana rendah.

f) Setelah kuali panas, masukkan adunan menggunakan cawan penyukat $\frac{1}{4}$ cawan dan tuangkan adunan ke dalam kuali untuk membuat penkek. Gunakan cawan penyukat untuk membantu membentuk lempeng.

g) Masak sehingga bahagian tepi kelihatan set dan buih terbentuk di tengah (kira-kira 2 hingga 3 minit), kemudian terbalikkan lempeng.

h) Setelah pancake masak di sebelah itu, keluarkan pancake dari api dan letakkan di atas pinggan.

i) Teruskan langkah ini dengan baki adunan.

98. Lempeng roti pisang

bahan-bahan:
- 1 cawan tepung ejaan
- $\frac{1}{2}$ sudu teh serbuk penaik
- $\frac{1}{2}$ sudu teh baking soda
- $\frac{3}{4}$ cawan yogurt Yunani biasa
- 1 pisang sederhana masak, tumbuk
- $\frac{1}{2}$ cawan + 2 sudu besar 2% susu rendah lemak
- 1 biji telur besar
- 2 sudu besar sirap maple

Arah

a) Masukkan tepung, serbuk penaik, dan baking soda ke dalam mangkuk dan pukul sehingga sebati.

b) Dalam mangkuk lain, pukul yogurt, pisang lecek, susu, telur, dan sirap maple sehingga sebati.

c) Masukkan Bahan basah ke dalam Bahan kering dan pukul sehingga sebati.

d) Biarkan adunan berehat selama 2 hingga 3 minit. Ini membolehkan semua Bahan bergabung dan memberikan adunan konsistensi yang lebih baik.

e) Semburkan kuali atau griddle tidak melekat dengan minyak sayuran dan panaskan dengan api sederhana.

f) Setelah kuali panas, masukkan adunan menggunakan cawan penyukat $\frac{1}{4}$ cawan dan tuangkan adunan ke dalam kuali untuk membuat penkek. Gunakan cawan penyukat untuk membantu membentuk lempeng.

g) Masak sehingga bahagian tepi kelihatan set dan buih terbentuk di tengah (kira-kira 2 hingga 3 minit), kemudian terbalikkan lempeng.

h) Setelah pancake masak di sebelah itu, keluarkan pancake dari api dan letakkan di atas pinggan.

i) Teruskan langkah ini dengan baki adunan.

99. Lempeng tropika

bahan-bahan:

- $1\frac{3}{4}$ cawan oat gulung kuno
- $1\frac{1}{2}$ sudu teh serbuk penaik
- 1 sudu teh baking soda
- $\frac{1}{2}$ sudu teh kayu manis
- $\frac{1}{4}$ sudu teh garam
- 1 pisang sederhana masak, tumbuk
- 2 sudu besar minyak kelapa, cair
- 1 sudu besar sirap maple
- 1 biji telur besar
- 1 sudu teh ekstrak vanila
- $\frac{3}{4}$ cawan 2% susu rendah lemak
- $\frac{1}{2}$ cawan santan penuh lemak dalam tin
- $\frac{1}{2}$ cawan nenas didadu halus (jika menggunakan beku, pastikan ia telah dicairkan)
- $\frac{1}{2}$ cawan mangga didadu halus (jika menggunakan beku, pastikan ia telah dicairkan)

Arah

a) Masukkan semua Bahan, kecuali nanas dan mangga, ke dalam pengisar. Minyak kelapa cair mungkin mengeras apabila digabungkan dengan Bahan yang lebih sejuk, jadi anda boleh memanaskan sedikit susu untuk membantu mengelakkan perkara ini daripada berlaku jika anda mahu.

b) Blitz adunan dalam pengisar sehingga anda mempunyai cecair yang licin.

c) Tuangkan adunan pancake ke dalam mangkuk besar.

d) Masukkan nenas dan mangga.

e) Biarkan adunan berehat selama 5 hingga 10 minit. Ini membolehkan semua Bahan bergabung dan memberikan adunan konsistensi yang lebih baik.

f) Sembur kuali atau griddle tidak melekat dengan minyak sayuran dan panaskan dengan api sederhana rendah.

g) Setelah kuali panas, masukkan adunan menggunakan cawan penyukat $\frac{1}{4}$ cawan dan tuangkan adunan ke dalam kuali untuk membuat penkek. Gunakan cawan penyukat untuk membantu membentuk lempeng.

h) Masak sehingga bahagian tepi kelihatan set dan buih terbentuk di tengah (kira-

kira 2 hingga 3 minit), kemudian terbalikkan lempeng.

i) Setelah pancake masak di sebelah itu, keluarkan pancake dari api dan letakkan di atas pinggan.

100. Pancake Sempurna

Hasil: 4-6 hidangan

bahan-bahan:

- 1 ½ cawan tepung serba guna

- 3 ½ sudu teh serbuk penaik

- ½ sudu teh garam

- 1 sudu besar gula

- 1 ¼ cawan susu

- 1 biji telur

- 3 sudu besar mentega, dicairkan (pilihan)

Arah

a) Dalam mangkuk besar, ayak bersama tepung, serbuk penaik, garam dan gula.

b) Buat telaga di tengah dan tuangkan susu, telur dan mentega cair; gaul dengan garfu atau pukul hingga rata.

c) Panaskan griddle atau kuali besar di atas api sederhana tinggi (saya tetapkan griddle saya pada 375°F).

d) Tuang atau cedok $\frac{1}{4}$ cawan adunan untuk setiap lempeng. Tunggu sehingga buih terbentuk untuk terbalik.

e) Perang di sebelah lagi dan hidangkan dengan mentega dan sirap blueberry.

KESIMPULAN

Beberapa resipi dalam buku ini membuat empat hidangan penkek. Jika anda tidak memberi makan kepada ramai orang, jangan risau—anda boleh membekukan penkek untuk kemudian. Hanya buat penkek seperti biasa. Biarkan ia sejuk sepenuhnya, kemudian letakkannya di antara kepingan kertas lilin. Luncurkan penkek ke dalam beg berzip atas dan letakkannya di dalam peti sejuk. Untuk memanaskan semula, anda boleh melakukan beberapa perkara. Anda boleh biarkan ia cair, kemudian panaskan dalam kuali atau anda boleh masukkan lempeng beku ke dalam ketuhar gelombang mikro selama seminit. Ingatlah untuk mengeluarkan kertas berlilin tanpa mengira kaedah yang anda gunakan. Sekiranya terdapat topping yang sesuai dengan resipi pancake yang anda bekukan, anda boleh membuat topping dan menyejukkannya sehingga seminggu. Jika tidak, anda perlu membuat topping segar apabila anda memanaskan semula penkek.